पावर ऑफ
इंटेलिजेंट थिंकिंग

पावर ऑफ इंटेलिजेंट थिंकिंग

Out of the Box

सोचें और सफल बनें!

सोम बाठला

प्रभात प्रकाशन

प्रकाशक

प्रभात प्रकाशन प्रा. लि.

4/19 आसफ अली रोड, नई दिल्ली-110002

फोन : 011-23289777 • हेल्पलाइन नं. : 7827007777

इ-मेल : prabhatbooks@gmail.com ❖ वेब ठिकाना : www.prabhatbooks.com

संस्करण

2025

अनुवाद

श्वेता भट्ट

पेपरबैक मूल्य

तीन सौ रुपए

मुद्रक

आर-टेक ऑफसेट प्रिंटर्स, दिल्ली

★

POWER OF INTELLIGENT THINKING

by Shri Som Bathla

(Hindi translation of INTELLIGENT THINKING)

Published by **PRABHAT PRAKASHAN PVT. LTD.**

4/19 Asaf Ali Road, New Delhi-110002

ISBN 978-93-5521-460-7

₹ 300.00 (PB)

परिचय

"हमने जो दुनिया बनाई है, वह हमारी सोच का एक उत्पाद है; हमारी सोच को बदले बिना इसे नहीं बदला जा सकता है।"

—अल्बर्ट आइंस्टीन

वह वर्ष 2002 था। उसने अभी-अभी एक हाईटेक ऑनलाइन भुगतान कंपनी में अपने शेयर बेचे थे, जो उसके जीवन के तीसरे दशक की शुरुआत में ही उसके लिए मल्टी-मिलियन डॉलर की भारी-भरकम संपत्ति लेकर आए थे। इतनी छोटी आयु में एक बड़ी सफलता प्राप्त करने के बावजूद, उसने यह सब केवल समुद्र तटों पर धूप का आनंद लेने के लिए और अपने जीवन के शेष समय में कुछ भी न करने के लिए नहीं किया था।

एलन मस्क ऐसे व्यक्ति हैं, जिनके पास अपने जीवन और मानव जाति के लिए अजीबोगरीब योजनाएँ थीं। एक क्रमिक उद्यमी के रूप में उनका अगला कदम वास्तविक दुनिया में किसी मूर्त वस्तु का निर्माण करना था, जो दुनिया को बदल सकती थी। इंटरनेट व्यवसाय में अपने

पिछले अनुभव के बावजूद अब वह पृथ्वी से परे सोच रहा था और अंतरिक्ष व्यवसाय में प्रवेश कर रहा था तथा उसका उद्देश्य था—अन्य ग्रहों पर मानव जीवन की संभावना देखना, यहाँ तक कि मंगल ग्रह पर एक मानव कॉलोनी की संभावना भी।

अगला कदम यह पता लगाना था कि अंतरिक्ष में यात्रा कैसे की जा सकती थी—जाहिर है, रॉकेट तकनीक के जरिए। लेकिन सबसे सस्ते अमेरिकी रॉकेट की कीमत भी 65 मिलियन अमेरिकी डॉलर से कम नहीं होती और मंगल पर जीवन की संभावना को देखने का शोध शुरू करने के लिए उसे ऐसे एक से अधिक रॉकेटों की आवश्यकता थी। सस्ती तकनीक की खोज में उसने रूस की यात्रा की और उनसे रॉकेट खरीदने के लिए कुछ रॉकेट कंपनियों के साथ चर्चा शुरू की। लेकिन सबसे सस्ता रॉकेट अभी भी 15–20 मिलियन अमेरिकी डॉलर (प्रत्येक के लिए) से कम में नहीं आ रहा था और वह भी बिना किसी परमाणु के। इस मामले की जड़ यह थी कि सबसे कठिन वार्त्ताओं में भी उसे वह नहीं मिल सकता था, जिसकी उसे तलाश थी। उसे अहसास हुआ कि अगर वह बाहर से रॉकेट खरीदने के लिए आगे बढ़ता है तो उसने 'पेपाल' में अपने शेयरों की बिक्री से जितना कमाया था, अंत में वह सब खर्च हो सकता था।

अगर वह कोई और होता तो शायद वह निराश हो जाता तथा ऐसी बाधाओं के सामने आने पर बस ऐसे ही हार मान लेता, लेकिन मस्क नहीं। तो उसने क्या किया? उसने अलग ढंग से सोचा। उसने यह पता करना शुरू किया कि क्या वह एक नए डोमेन में अपने अनुभव की कमी के बावजूद, जो उसके अब तक के जीवन में उसके द्वारा किए गए कार्यों से पूरी तरह से अलग था, खुद रॉकेट बना सकता था? अगला कदम था, यह जानने के लिए और गहराई में जाना कि यह अंतरिक्ष प्रौद्योगिकी

क्या थी और कैसे संचालित होती थी? किसी भी इंटरनेट उद्यमी के लिए अंतरिक्ष प्रौद्योगिकी को जानने के बारे में सोचना भी एक बहुत विशाल कार्य था, लेकिन कई असफलताओं और लगभग पूरी जिंदगी की कमाई खो देने के बाद मस्क ने आखिरकार कोड को तोड़ लिया और आज उसकी कंपनी 'स्पेसएक्स' संयुक्त राष्ट्र सरकार द्वारा अंतरिक्ष रॉकेटों के विशाल ऑर्डरों के लिए एक पसंदीदा विक्रेता है।

क्या आप मस्क की आंतरिक सोच प्रक्रिया की कल्पना कर सकते हैं, जब वे रॉकेटों के निर्माण पर विचार कर रहे थे? एक साक्षात्कार में उन्होंने समझाया कि कैसे उन्होंने अपने बूते पर रॉकेट बनाने के बारे में सोचा और उसकी समस्या को समझा—

"मैं चीजों को एक भौतिकी के ढाँचे से देखता हूँ और भौतिकी आपको सादृश्यता के बजाय पहले सिद्धांतों से तर्क करना सिखाती है। तो मैंने कहा कि ठीक है, पहले सिद्धांतों पर नजर डालते हैं। रॉकेट किस चीज से बनता है? एयरोस्पेस-ग्रेड अल्युमिनियम अलॉय (मिश्र) और थोड़े टाइटेनियम, ताँबा और कार्बन फाइबर से। और फिर मैंने पूछा, 'कमोडिटी बाजार में उन सामग्रियों का मूल्य क्या है?' मुझे यह पता चला कि एक रॉकेट की सामग्री की कीमत विशिष्ट मूल्य का लगभग 2 प्रतिशत थी—जोकि बड़े यांत्रिक उत्पाद के लिए एक अजीबोगरीब अनुपात है।"

मस्क की 'प्रथम सिद्धांत सोच' भौतिकी के नियमों के तर्ज पर थी—इसका मतलब है कि आपको पहले अंतिम उत्पाद को उसके मूल अवयवों में बदलना होगा, फिर देखना होगा कि आप इन मुख्य घटकों के साथ कितने अलग तरीके से काम कर सकते हैं और इनसे कुछ उत्पादन कर सकते हैं? इस प्रकार की 'प्रथम सिद्धांत सोच' का उपयोग इतिहास के महान् विचारकों द्वारा किया गया था, जिनमें प्राचीन

दार्शनिक अरस्तु भी शामिल थे; लेकिन शायद कोई भी इतने अधिक विशाल स्तर पर 'प्रथम सिद्धांत सोच' के दर्शन को नहीं मानता है, जितना कि एलन मस्क।

दुर्भाग्य से, अधिकांश लोग सफलता को घटनाओं की एक श्रृंखला के रूप में देखते हैं और वे उस प्रक्रिया पर आवश्यक ध्यान नहीं देते हैं, जो सफलता की ओर ले जाती है। इससे पहले कि आप अपने लक्ष्यों तक पहुँचने के लिए दृष्टिकोण की स्पष्टता हासिल करें, आपको गंभीर स्तर पर ईमानदारी से सोचने की आवश्यकता होती है।

निवेश की किंवदंती, वॉरेन बफे भी अपनी संपूर्ण सफलता का श्रेय उन सोच की क्षमताओं को विकसित करने को देते हैं, जिन्होंने उन्हें अधिकांश समय सही निवेश का निर्णय लेने में सक्षम बनाया। वे कहते हैं—"मैं लगभग हर दिन बस बैठकर सोचने में बहुत सारा समय बिताता हूँ। यह अमेरिकी व्यवसाय में बहुत ही असामान्य है। मैं पढ़ता हूँ और सोचता हूँ। इसलिए मैं अधिक पढ़ता और सोचता रहता हूँ तथा व्यवसाय में अधिकांश लोगों की तुलना में जोश में कम निर्णय लेता हूँ। मैं ऐसा इसलिए करता हूँ, क्योंकि मुझे इस तरह का जीवन पसंद है।"

यहाँ यह महत्त्वपूर्ण प्रश्न उठता है कि वह क्या है, जो इन उच्च-प्राप्तकर्ताओं को अन्य लोगों से अलग बनाता है और उन्हें पूरी तरह से अलग लीक में डाल देता है—इस तरह से कि लोग इन लोगों को महामानव के रूप में देखना शुरू कर देते हैं? वास्तव में, बात बस इतनी है कि वे एक महत्त्वपूर्ण मानव अक्षय निधि का उपयोग करना सीख लेते हैं—स्पष्ट रूप से और बुद्धिमानी से सोचने की मानवीय क्षमता का।

वे सोचने के पुराने तरीके के नुकसानों या दोषों को जानते हैं। वे इस सोच की सीमाओं से खुद को अलग करने का चुनाव करते हैं और नए

तरीके से पढ़ने तथा सीखने के लिए एक जागरूक विकल्प बनाते हैं और इस प्रकार वे स्वयं के लिए अलग व अद्वितीय परिणाम उत्पन्न करते हैं।

वे इस प्राकृतिक सिद्धांत में मजबूती से विश्वास करते हैं, जैसाकि स्टीफन आर. कोवे का कथन है कि 'सबकुछ दो बार निर्मित होता है—पहले मस्तिष्क में और फिर वास्तविक दुनिया में।' यदि आप बेहतर तरीके से सोचना सीख सकते हैं तो आपके मस्तिष्क की पहली रचना बेहतर गुणवत्ता की होगी और यह वास्तविक दुनिया में भी एक उच्च गुणवत्तावाले दूसरे स्तर के निर्माण को जन्म देगी। इसे सीधे शब्दों में कहें तो आपकी सफलता का स्तर कभी भी आपकी सोच के स्तर से अधिक नहीं हो सकता।

हर कोई अपनी सोच की क्षमताओं का काफी अलग तरह से उपयोग करता है तथा अत्यधिक सफल लोगों और अन्य लोगों के बीच का, जो औसत दर्जे का जीवन जीते हैं, अंतर लानेवाला कारक सोच के प्रति उनके दृष्टिकोण में होता है। सफल लोग अपने मस्तिष्क का अधिक उपयोग करते हैं और ऐसा अधिक प्रभावी तरीके से करते हैं, जो वह परिणाम लाने में उनका समर्थन करता है, जो वे चाहते हैं।

वे अपने स्वयं के विचारों और मान्यताओं के बारे में जानते हैं तथा यह भी जानते हैं कि जीवन की गुणवत्ता को बढ़ाने के लिए क्या आवश्यक है और विकास को क्या प्रभावित करता है! बड़े पैमाने पर सफलता हासिल करने से पहले वे अपनी सोच को स्पष्ट करने में कड़ी मेहनत करते हैं। जैसाकि स्टीव जॉब्स ने ठीक ही कहा था—"आपको अपनी सोच को सरल एवं स्वच्छ बनाने के लिए उसे कड़ी मेहनत करनी होगी। लेकिन अंत में यह सार्थक होती है, क्योंकि एक बार जब आप वहाँ पहुँच जाते हैं तो आप पहाड़ों को भी हिला सकते हैं।"

आइए, इसे एक उदाहरण की सहायता से समझने का प्रयास करते

हैं। मान लीजिए कि आप एक कार चला रहे हैं और आपको बहुत जल्दी एक गंतव्य तक पहुँचना है। जब आप एक खाली सड़क देखते हैं तो आप एसेलरेटर को दबाते हैं और अपने वाहन की गति बढ़ा देते हैं। यह बहुत सामान्य है! लेकिन अगर आप किसी कार चलाना सीख रहे व्यक्ति को डर से या शायद भोलेपन से एक पैर एक्सेलरेटर पर और अकसर दूसरा पैर ब्रेक पर रखते देखते हैं खाली सड़क के बावजूद, तो आप पहले से ही जानते हैं कि क्या होनेवाला है! आप अपने गंतव्य तक तेजी से नहीं पहुँचेंगे, बल्कि इसके विपरीत, आप यह विरोधाभासी गतिविधियाँ करके अपने वाहन को नुकसान पहुँचाएँगे। अपने सही दिमाग में कोई भी अपने वाहनों के साथ ऐसा नहीं करेगा। लेकिन दुर्भाग्य से अधिकांश लोग अपने भीतर की दुनिया—अपने दिमागों में—यही काम करते हैं।

वे परिणाम प्राप्त करने के लिए सर्वोत्तम रणनीतियों और प्रथाओं को सीखने और लागू करने की कोशिश करते हैं—जो हमारे दिमाग के त्वरक (एक्सेलरेटर) को दबाने के बराबर है। लेकिन दुर्भाग्य से, वे एक असमर्थक वातावरण और मान्यताओं के कारण अपने दिमाग में चल रहे गलत सोच-पैटर्न के खिलाफ सुरक्षित नहीं रहते हैं, जो एक ही समय में कार चलाने एवं साथ-साथ ब्रेक लगाने के बराबर है।

सीखने के महत्त्वपूर्ण घटकों में से एक है—कुछ नया सीखने से पहले सीखा हुआ भूल जाना। यदि आपको लगता है कि सोच के पुराने पैटर्न आपके निर्णयों और आपके जीवन की गुणवत्ता को और अधिक समर्थन नहीं देते हैं तो उन विचारों को अलविदा कहने का समय आ गया है। यदि आप ईमानदारी से नए दृष्टिकोण सीखना चाहते हैं तो आप सोच के अप्रभावी तरीकों से चिपके रहते हुए एक नया तरीका नहीं सीख सकते।

एक धनी व्यक्ति की यह सरल कहानी, जो एक भिक्षु के पास पहुँचा था, आपको सीखने के लिए सीखे हुए को भुला देने के महत्त्व को

समझने में मदद करेगी। यह व्यक्ति भौतिक रूप से धनवान था, लेकिन उसके मन में शांति नहीं थी और उसकी खोज उसे एक भिक्षु के पास ले गई। भिक्षु के पास पहुँचने पर उसने उसको बताना शुरू किया कि उसने क्या-क्या पढ़ा था और विभिन्न प्रकार के साहित्य का उसे कितना ज्ञान था, फिर भी उसे अपने जीवन में मानसिक शांति और उद्‌देश्य की स्पष्टता की कमी महसूस होती थी। भिक्षु उसे सुनता रहा, और कुछ मिनटों के बाद उसने धनी व्यक्ति को थकान दूर करने के लिए चाय की पेशकश की, जिसके लिए वह राजी हो गया। अब भिक्षु ने उसे एक कप दिया और अपनी केतली से धीरे-धीरे उसमें चाय डालना शुरू कर दिया। जब वह चाय डाल रहा था, तो धनी आदमी आश्चर्य से चिल्लाया, "अरे भिक्षु, यह क्या कर रहे हैं? कप पहले से ही भरा हुआ है और आप अभी भी डालते जा रहे हैं! आप इसमें और चाय नहीं डाल सकते।"

तब भिक्षु ने जवाब दिया—"आपका प्याला भी पहले से ही इतने अधिक ज्ञान से भरा हुआ है, और जब तक आंप अपना प्याला खाली नहीं करते, मैं आपको सीखने के लिए कुछ भी नया नहीं दे सकता। नई सामग्री के आने के लिए आपको कुछ जगह बनानी होगी।"

इसी तरह आपको भी अपने कप में कुछ नया भरने के लिए उसे खाली करना होगा। आपको उन पिछली सोच-त्रुटियों को भुला देना होगा, तक आपको अहसास होगा कि ये सोचने के उन नए तरीकों के विपरीत हैं, जो आप इस पुस्तक में सीखनेवाले हैं।

अपनी सोच की गुणवत्ता में सुधार के लिए आपको एक दोतरफा दृष्टिकोण का पालन करना होगा। जहाँ आपको अपनी सोच को बेहतर करने के लिए, बदलने के लिए सर्वोत्तम रणनीतियों को सीखने की आवश्यकता है, उससे पहले आपको आत्म-जागरूक बनना होगा और असमर्थित सोच-पैटर्न से छुटकारा पाना होगा।

आपको इस पुस्तक से क्या उम्मीद करनी चाहिए?

आपको इस पुस्तक को आगे पढ़ने की आवश्यकता नहीं है, यदि आप अपने सोच-पैटर्न में त्रुटियों के बारे में निश्चित रूप से जानते हैं और महत्त्वपूर्ण जीवन-स्थितियों का मूल्यांकन करने तथा बेहतर निर्णय लेने के लिए पहले से ही अधिक प्रभावी रणनीतियों का उपयोग कर रहे हैं। लेकिन अगर आपको लगता है कि कुछ कमी है तथा आपको मार्गदर्शन एवं सोच के बेहतर मॉडलों की आवश्यकता है तो यह पुस्तक आपके मानसिक टूल-बॉक्स को कुछ बेहद प्रभावी तरीकों से लैस करेगी, जिससे आपको बेहतर सोचने, बेहतर निर्णय लेने और किसी भी समस्या को हल करने में मदद मिलेगी।

यह है, जो आप इस पुस्तक से सीखेंगे—आप इस अवधारणा को समझेंगे कि मनुष्य सामान्य रूप से कैसे सोचते हैं? आप सीखेंगे कि आप अपनी उम्र की परवाह किए बिना अपनी सोच या विश्वास को कैसे बदल सकते हैं? यह पुस्तक आपके विचार पैटर्न में उन त्रुटियों को कवर करेगी, जो आपको अवांछित तनाव और चिंता दे रही हैं तथा बुरे निर्णयों की ओर ले जा रही हैं। एक बार जब आप उन मानसिक अवरोधों से अवगत हो जाते हैं, जो आपकी प्रगति को रोकते हैं, तो आपके पास बेहतर विकल्प चुनने के लिए सोचने के अधिक प्रभावी तरीके होंगे। अंत में मैं बताऊँगा कि आप अपनी सोच को बदलने के लिए अपने शरीर क्रिया विज्ञान का उपयोग कैसे कर सकते हैं और कैसे कुछ प्रकार के मानसिक कार्य आपकी संज्ञानात्मक क्षमताओं को काफी हद तक बढ़ाने के लिए वैज्ञानिक रूप से सही सिद्ध हुए हैं!

तो आइए, शुरू करते हैं!

अनुक्रम

परिचय *5*

1. सोचना वास्तव में कैसे काम करता है ? 15

2. क्या आप वास्तव में
अपने विचार के तरीके को बदल सकते हैं ? 35

3. सबसे आम सोच त्रुटियाँ,
जिनसे आपको छुटकारा पाना चाहिए 45

4. प्रभावी सोच तकनीक सफल लोग उपयोग करते हैं 69

5. आपकी सोच को सक्रिय करने के लिए अतिरिक्त तकनीकें 101

6. अपनी सोच को बदलने के लिए
अपनी फिजियोलॉजी को सक्रिय करें 133

7. आपकी सोच को बदलने के लिए मानसिक उपकरण 145

निष्कर्ष 157

अध्याय-1

सोचना वास्तव में कैसे काम करता है?

"समस्त सोच सोचने के साथ शुरू होती है।"

—सुकरात

यह पुस्तक आपकी सोच को पुनः प्रोग्राम करने और आपको एक बुद्धिमान विचारक में बदलने के बारे में है। इसलिए इससे पहले कि हम इस मुद्दे को संबोधित करें, हमें सोचने के तंत्र को समझने की आवश्यकता है। इस प्रकार संबोधित करने के लिए पहला प्रश्न है—'हम कैसे सोचते हैं?'

आइए, हम उसी दृष्टिकोण का अनुसरण करते हैं, जिसका मस्क ने यह समझने के लिए किया था कि स्पेस रॉकेट का निर्माण कैसे किया जाता है? आइए, हम हमारी सोच-प्रक्रिया की समझ के लिए 'पहली सिद्धांत सोच' लागू करें।

सोच हमारे मस्तिष्क के अंदर पैदा होती है और विभिन्न उत्तेजनाओं की प्रतिक्रिया के रूप में विभिन्न क्रियाएँ उत्पन्न करने के लिए अलग-अलग हिस्से जिम्मेदार होते हैं। इसलिए पहली चीजें पहले। आइए, मस्तिष्क की शरीर रचना को देखें और मस्तिष्क के विभिन्न भागों को समझें।

मस्तिष्क की शारीरिक संरचना

1960 के दशक में अमेरिकी मनोवैज्ञानिक और न्यूरोसाइंटिस्ट, पॉल मैकलीन ने मस्तिष्क की विकासवादी प्रक्रिया के संदर्भ में उसके विभिन्न भागों की कार्यप्रणाली की व्याख्या करने के लिए 'ट्राइयून ब्रेन मॉडल' का आविष्कार किया था। इस सिद्धांत के अनुसार, विकास के दौरान तीन अलग-अलग मस्तिष्क क्रमिक रूप से उभरे हैं और अब मानव खोपड़ी में सह-निवास करते हैं—

1. रेप्टिलियन (सरीसृप) मस्तिष्क,
2. मैमलियन (स्तनधारी) या लिंबिक (भावनात्मक) मस्तिष्क,
3. प्राइमैट या नियोकोर्टेक्स (सोचनेवाला) मस्तिष्क।

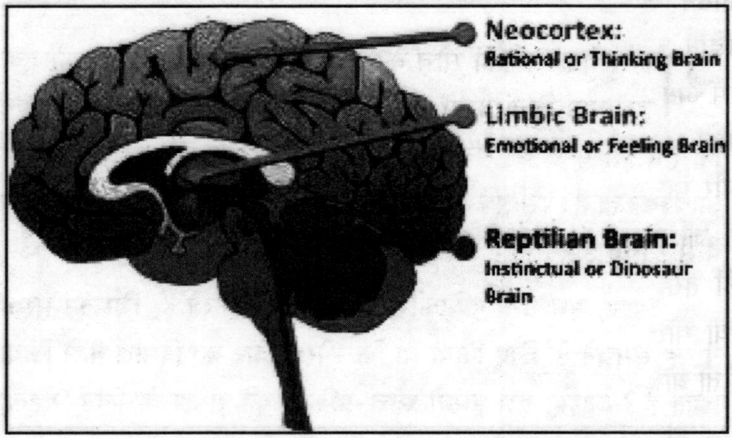

मस्तिष्क के रेप्टिलियन (सरीसृप) और मैमलियन (स्तनधारी) हिस्से प्रकृति में बहुत बुनियादी हैं और विकास के संदर्भ में सबसे पुराने हैं।

मस्तिष्क की रेप्टिलियन या सरीसृप प्रणाली सबसे बुनियादी

अस्तित्व कार्यों के लिए जिम्मेदार है, जैसे—हृदय गति, श्वास, शरीर का तापमान और अंतरिक्ष में अभिविन्यास। मस्तिष्क का यह हिस्सा शरीर के सभी अस्वैच्छिक कार्यों को सँभालता है और आपको जीवित रखता है।

'भावनात्मक मस्तिष्क' के रूप में भी जानी जानेवाली लिंबिक प्रणाली हमारा प्रतिक्रियाशील हिस्सा है, जो खतरे के प्रति 'लड़ाई या उड़ान' प्रतिक्रिया की शुरुआत करता है। हमारे लिंबिक मस्तिष्क में एमिग्डाला होता है, जो मुख्य रूप से चिंता, उदासी और डर के प्रति हमारी प्रतिक्रिया से संबंधित है। एमिग्डाला हमें खतरे से बचाने में मदद करता है और वास्तव में इसने कठिन परिस्थितियों में लड़ाई या उड़ान प्रतिक्रिया को बढ़ावा देकर हमें आदिम युग में जीवित रहने में मदद की थी। मस्तिष्क का एक और महत्त्वपूर्ण हिस्सा हिप्पोकैंपस है, जो हमारी यादों के स्क्रैचबोर्ड की तरह है—जब भी आप कुछ नया सीखते हैं और अनुभव करते हैं तो यादें हिप्पोकैंपस में कोडित हो जाती हैं।

> ***'भावनात्मक मस्तिष्क' के रूप में भी जानी जानेवाली लिंबिक प्रणाली हमारा प्रतिक्रियाशील हिस्सा है, जो खतरे के प्रति 'लड़ाई या उड़ान' प्रतिक्रिया की शुरुआत करता है। हमारे लिंबिक मस्तिष्क में एमिग्डाला होता है, जो मुख्य रूप से चिंता, उदासी और डर के प्रति हमारी प्रतिक्रिया से संबंधित है।***

और तीसरा हिस्सा प्राइमैट है, जो नियोकोर्टेक्स के रूप में जाना जाता है। यह मस्तिष्क का 'सोचनेवाला' हिस्सा है और आप इसे 'स्मार्ट मस्तिष्क' भी कह सकते हैं, क्योंकि यह हमारी प्रणाली का कार्यकारी हिस्सा है। नियोकॉर्टेक्स संवेदी धारणा, मोटर कमांड उत्पन्न करने, स्थानिक तर्क, सचेत विचार और मनुष्यों में भाषा जैसे उच्च कार्यों पर

केंद्रित होता है। यह मस्तिष्क का एकमात्र हिस्सा है, जो आपको पशुओं से अलग बनाता है, क्योंकि यह मानव चेतना के लिए जिम्मेदार है। आपके नियोकोर्टेक्स का फ्रंटल या ललाट लोब व्यक्तित्व और तर्क, योजना और कार्यकारी कार्यों को सँभालता है। अधिकांश सोच इस फ्रंटल लोब के सामने के हिस्से में उत्पन्न होती है, जिसे 'प्रीफ्रंटल कॉर्टेक्स' कहा जाता है या आपके सिर में वयस्क।

मस्तिष्क के तीन विभिन्न भाग अलग-अलग कार्यों को सँभालते हैं, लेकिन आधुनिक सुरक्षित वातावरण को देखते हुए (अब हम जंगलों में नहीं रहते हैं), भावनात्मक मस्तिष्क की भूमिका अकसर आवश्यक नहीं होती है; हम एक नियम के रूप में आधुनिक जीवन में शारीरिक लड़ाई या उड़ान की आवश्यकता महसूस नहीं करते हैं।

मस्तिष्क के तीन विभिन्न भाग अलग-अलग कार्यों को सँभालते हैं, लेकिन आधुनिक सुरक्षित वातावरण को देखते हुए (अब हम जंगलों में नहीं रहते हैं), भावनात्मक मस्तिष्क की भूमिका अकसर आवश्यक नहीं होती है; हम एक नियम के रूप में आधुनिक जीवन में शारीरिक लड़ाई या उड़ान की आवश्यकता महसूस नहीं करते हैं। सरीसृप मस्तिष्क हमेशा हमारी अस्वैच्छिक प्रतिक्रियाओं का ध्यान रखने के लिए (उस क्षेत्र में हमें बहुत-कुछ करने की आवश्यकता नहीं है) और हमारे शरीर के प्रमुख कार्य, जैसे—श्वसन, पाचन आदि, जिनके हमारे जीवन में हर पल होने की आवश्यकता है, मौजूद होगा।

इसलिए मस्तिष्क का सबसे महत्त्वपूर्ण हिस्सा नियोकोर्टेक्स निकलकर आता है, जो सफलता या विफलता के लिए जिम्मेदार है, इस बात पर निर्भर करते हुए कि आप उसे कैसे नियंत्रित करते हैं?

नियोकोर्टेक्स वस्तुतः आपकी सोच क्षमताओं का घर है, जहाँ आप या तो कुछ भी नहीं करते हुए पुराने पैटर्न को हावी होने दे सकते हैं या आप इस अत्यधिक शक्तिशाली मानव निधि को नियंत्रण में ले सकते हैं और उस जीवन को बनाने के लिए अपनी सोच को डिजाइन कर सकते हैं, जिसके लिए आप हमेशा से इच्छुक रहे हैं।

अच्छा तो हमने मानव मस्तिष्क के विभिन्न हिस्सों के बारे में संक्षेप में बात की है, जो शारीरिक रूप से अंगों के रूप में दिखाई देते हैं और यह भी कि कैसे सोच हमारे नियोकोर्टेक्स के साथ निकटता से संबंधित है। आइए, अब आगे बढ़ते हैं और अदृश्य सोच प्रक्रिया को समझने की कोशिश करते हैं।

अच्छा तो हमने मानव मस्तिष्क के विभिन्न हिस्सों के बारे में संक्षेप में बात की है, जो शारीरिक रूप से अंगों के रूप में दिखाई देते हैं और यह भी कि कैसे सोच हमारे नियोकोर्टेक्स के साथ निकटता से संबंधित है।

सोच : आपके मस्तिष्क की अदृश्य मानसिक प्रक्रिया

आप शारीरिक रूप से सिर को देख सकते हैं और चीरे/सर्जरी द्वारा आप उसके अंदर भी देख सकते हैं। बाहर और अंदर भौतिक एवं मूर्त भाग हैं, जिन्हें हर कोई पहचानता है। जबकि मस्तिष्क शारीरिक अंग है, जिसे आप देख सकते हैं, आपका मन अमूर्त है, लेकिन आप अपने मन और शरीर के अंदर चल रहे विचारों और भावनाओं को अनुभव कर सकते हैं।

मस्तिष्क और मन के अंतर्संबंध को समझने की सही समानता आपके कंप्यूटर के भौतिक हार्डवेयर बनाम कंप्यूटर को संचालित करने वाले अदृश्य सॉफ्टवेयर से हो सकती है। मस्तिष्क आपका भौतिक

हार्डवेयर है। आप एक लैपटॉप के विभिन्न हिस्सों को नाम दे सकते हैं, जैसे—सी.पी.यू., मॉनिटर, कीबोर्ड आदि, ठीक उसी तरह से जैसे आप अपने मस्तिष्क को प्री-फ्रंटल कॉर्टेक्स, हिप्पोकैंपस, एमिग्डाला आदि के संदर्भ में परिभाषित करते हैं।

सॉफ्टवेयर भाग विंडोज ऑपरेटिंग सॉफ्टवेयर (या कोई अन्य ऑपरेटिंग सॉफ्टवेयर) होता है, जो पृष्ठभूमि में विभिन्न कंप्यूटर कंप्यूटेशन या कमांड चलाता है। आपका मन आपके मस्तिष्क के उस सॉफ्टवेयर की तरह है, जो आपके माता-पिता, शिक्षकों और सामान्य रूप से समाज द्वारा कई सालों तक आपकी मशीन में प्रोग्राम किए गए आदेशों के आधार पर संचालित होता है।

कंप्यूटर में चिप हमारे मस्तिष्क में मौजूद न्यूरॉन्स के बराबर होती है। मस्तिष्क की जटिलता को इस तथ्य से समझा जा सकता है कि हमारे सिर में 100 अरब से अधिक न्यूरॉन्स हैं। इन न्यूरॉन्स से सीखना एक-दूसरे के साथ उनके संबंध के माध्यम से होता है। प्रत्येक कनेक्शन सीखने के कुछ अनुभव रिकॉर्ड करता है।

कंप्यूटर में चिप हमारे मस्तिष्क में मौजूद न्यूरॉन्स के बराबर होती है। मस्तिष्क की जटिलता को इस तथ्य से समझा जा सकता है कि हमारे सिर में 100 अरब से अधिक न्यूरॉन्स हैं। इन न्यूरॉन्स से सीखना एक-दूसरे के साथ उनके संबंध के माध्यम से होता है। प्रत्येक कनेक्शन सीखने के कुछ अनुभव रिकॉर्ड करता है। इन कनेक्शनों या संबंधों को 'सिनैप्सेस' के नाम से जाना जाता है। यदि हम मिल्की वे यानी आकाशगंगा के सभी तारों की कल्पना करते हैं तो हमारे मस्तिष्क में संयुक्त रूप से उन सभी सितारों की तुलना में अधिक कनेक्शन हैं। हैरानी की बात है कि तीन

साल के बच्चे के पास एक ही समय में 1,000 ट्रिलियन सिनैप्सेस खिलते और छँटते हैं।

आपके जीवन के हर पल में आपके न्यूरॉन्स लगातार फायरिंग कर रहे हैं और नए कनेक्शन बना रहे हैं। इसलिए जब अचानक आपके मन में कोई विचार आता है तो आप उसे अंतहीन दिशाओं में जाने देते हैं। उदाहरण के लिए, मान लेते हैं कि आपने कार्य से संबंधित किसी विशेष सम्मेलन में भाग लिया था और एक स्मृति आपके मस्तिष्क में रह जाती है। तुरंत आप एक व्यक्ति के बारे में सोचते हैं, जिसे आप वहाँ मिले थे, सोचते हैं कि उस व्यक्ति का पेशा क्या था, जो आपको एक और विचार की ओर ले जाता है—जहाँ वह काम करता था। आगे आपको वह सड़क याद आती है, जहाँ उसका कार्यालय है और फिर कोई प्रसिद्ध स्ट्रीट फूड पॉइंट, जहाँ आपने अतीत में कुछ रोमांचक खाया था। वहाँ कुछ खाने की स्मृति फिर आपके मस्तिष्क में एक और संदेश भेजती है, जो आपके मन में एक लालसा पैदा करती है और अगली चीज जो आप करते हैं, वह है, जाकर रसोई या फ्रिज में से कुछ खाने के लिए लाना।

> *आपके जीवन के हर पल में आपके न्यूरॉन्स लगातार फायरिंग कर रहे हैं और नए कनेक्शन बना रहे हैं। इसलिए जब अचानक आपके मन में कोई विचार आता है तो आप उसे अंतहीन दिशाओं में जाने देते हैं। उदाहरण के लिए, मान लेते हैं कि आपने कार्य से संबंधित किसी विशेष सम्मेलन में भाग लिया था और एक स्मृति आपके मस्तिष्क में रह जाती है।*

आप अनुक्रम देखें। इन सभी विचारों को शब्दों में टाइप करने में मुझे कुछ समय लगा, लेकिन हमारा मस्तिष्क एक सुपरफास्ट गति

से कार्य करता है और इन सभी अनुक्रमों को सेकंड के अंशों में बना देता है। यह ध्यान रखना भी महत्त्वपूर्ण है कि हमारे पास दो प्रकार की स्मृतियाँ हैं—कार्यशील स्मृति और दीर्घकालिक स्मृति। जहाँ एक ओर हमारी दीर्घकालिक स्मृति जानकारी का भंडार जमा कर सकती है और असीमित भंडारण कर सकती है, वहीं दूसरी ओर हमारी अल्पकालिक कामकाजी स्मृति वास्तव में अल्पकालिक है। हम किसी भी एक समय में 5–7 से अधिक सूचनाओं को नहीं सँभाल सकते। हमारे मस्तिष्क में जिस भी प्रकार की सोच नियमित रूप से चलती है, वे न्यूरॉन्स एक-दूसरे के साथ फायर करते हैं और एक विशिष्ट न्यूरो पैटर्न या न्यूरोपैथ बनाते हैं, जो तब हमारी लंबी स्मृति में चले जाएँगे और हमारे मस्तिष्क का हिस्सा बन जाएँगे।

यह ध्यान रखना भी महत्त्वपूर्ण है कि हमारे पास दो प्रकार की स्मृतियाँ हैं—कार्यशील स्मृति और दीर्घकालिक स्मृति। जहाँ एक ओर हमारी दीर्घकालिक स्मृति जानकारी का भंडार जमा कर सकती है और असीमित भंडारण कर सकती है, वहीं दूसरी ओर हमारी अल्पकालिक कामकाजी स्मृति वास्तव में अल्पकालिक है।

इसलिए जब तक हम नियमित रूप से अपने जीवन में एक नए प्रकार के ज्ञान या पर्यावरण को नहीं बैठाते हैं, तब तक हमारी सारी सोच कुछ और नहीं, बल्कि उन्हीं पुराने विचारों की पुनरावृत्ति होगी। अध्ययन से पता चलता है कि मानव मन में लगभग 60,000 विचार दैनिक आधार पर चलते हैं और विडंबना यह है कि उनमें से 90–95 प्रतिशत से अधिक समान और दोहराववाले होते हैं। इस प्रकार, आप समझ सकते हैं कि हमारी सोच कितनी अभ्यस्त है! इस पुस्तक के बाद के खंडों में हम इस

पैटर्न को बाधित करने के तरीकों के बारे में बात करेंगे और अपनी सोच प्रक्रिया में नवीनता लाने के तरीकों को अपनाएँगे।

सोचना बनाम विचार

सोचना सक्रिय काम है और यह विचारों से अलग है। विचार निष्क्रिय होते हैं। इस पुस्तक को पढ़ते समय आप जो पढ़ रहे हैं, उस पर ध्यान केंद्रित करना और उसे आंतरिक करना सोच के सक्रिय कार्य का गठन करता है। लेकिन कभी-कभी आप भटक सकते हैं। उदाहरण के लिए, आपने अभी-अभी अपने कुत्ते को भौंकते हुए सुना है या किसी वाहन के गुजरने की आवाज सुनी है और फिर अचानक आपके मन में सुपरमार्केट जाने और कल के नाश्ते के लिए कुछ खरीदने के बारे में विचार आने शुरू हो सकते हैं। या फिर आप दोस्तों के साथ हुई एक सड़क यात्रा या अपना कार्यालय आना-जाना याद कर सकते हैं। और अचानक आपको अहसास होता है कि आपकी ओर से किसी भी प्रत्यक्ष प्रयास के बिना, आपके विचार आपको कई स्थानों पर ले गए हैं। एक विचार दूसरे की ओर ले जाता है और यदि आप इस पैटर्न को बाधित नहीं करते हैं तो अंतहीन विचारों की एक श्रृंखला बन जाएगी।

> ***सोचना सक्रिय काम है और यह विचारों से अलग है। विचार निष्क्रिय होते हैं। इस पुस्तक को पढ़ते समय आप जो पढ़ रहे हैं, उस पर ध्यान केंद्रित करना और उसे आंतरिक करना सोच के सक्रिय कार्य का गठन करता है। लेकिन कभी-कभी आप भटक सकते हैं।***

अधिकांश लोगों को इसका अहसास नहीं होता है, लेकिन अपने मन को भटकने की अनुमति देना दर्जनों या सैकड़ों स्वचालित विचार उत्पन्न कर सकता है और उसमें बहुत सारा कीमती समय खर्च हो

सकता है। आप अपने दम पर एक प्रयोग कर सकते हैं। इसे अभी करें। अपने मन को कुछ मिनटों के लिए भटकने दें (कुछ मिनट पर्याप्त हैं, क्योंकि विचार सेकंड के अंशों में बहुत तेजी से यात्रा करते हैं)। फिर अचानक अपने मन को किसी भी विचार पर रुकने के लिए कहें। अब आपको अपने प्रयोग का विश्लेषण करना है। नवीनतम विचारों से शुरू करें और अपने आप से पूछते रहें—'यह विचार कहाँ से आया?' उस विचार की उत्पत्ति को रिकॉर्ड करने के लिए जल्दी से एक बुलेट पॉइंट लिखें। रुकें नहीं—उसी प्रश्न को फिर से दोहराते रहें—'यह अगला विचार कहाँ से आया?' फिर एक और बुलेट पॉइंट लिखें। अब एक और त्वरित बुलेट लिखें। इस प्रक्रिया को तब तक दोहराएँ, जब तक आप पहले विचार तक न पहुँच जाएँ, जहाँ आपने अपने मन को निरुद्‌देश्य भटकने दिया था।

> ***मुझे आशा है कि आपने ध्यान दिया होगा कि विचार अपने आप ही आपकी ओर से जानबूझकर किए गए प्रयास के बिना ही आते रहते हैं, एक के बाद एक। लेकिन जब आप इन विचारों को याद करने की कोशिश करते हैं तो यह सोचने का कार्य बन जाता है।***

कैसा रहा प्रयोग? आपको क्या समझ में आया?

मुझे आशा है कि आपने ध्यान दिया होगा कि विचार अपने आप ही आपकी ओर से जानबूझकर किए गए प्रयास के बिना ही आते रहते हैं, एक के बाद एक। लेकिन जब आप इन विचारों को याद करने की कोशिश करते हैं तो यह सोचने का कार्य बन जाता है।

सोच हमेशा सचेत होती है। अपने आप को अपने विचारों में बहने देना हमेशा अस्वैच्छिक होता है। सोचना आपको ड्राइवर की सीट पर रखता है, जबकि विचार आपके वाहन के चालक बन जाते हैं और

आपको निरुद्देश्य भटका सकते हैं। आपकी शक्ति सचेत रूप से आपके विचारों को नियंत्रित करने और उन्हें इच्छित रूप से निर्देशित करने की दिशा में निहित है। यदि आप ऐसे विचारों को नियंत्रित नहीं करते हैं तो वे आपको नियंत्रित करते हैं। और आगे क्या होता है ? हमारे मन–मस्तिष्क के न्यूरो पाथवे (तांत्रिक मार्ग) में दर्ज यादों के आधार पर पूर्व निर्धारित ऑटोपायलट सोच पैटर्न पर काम करते हैं; और आपके अनियंत्रित विचार अकसर आपको उन स्थानों पर ले जाते हैं, जहाँ आप नहीं जाना चाहते थे।

इसलिए बुद्धिमान सोच का पहला सिद्धांत यह समझना है कि सोच एक सक्रिय प्रक्रिया है और विचार सभी निष्क्रिय होते हैं। और आपका काम आपकी सोच को नियंत्रित करना है। यद्यपि निष्क्रिय सोच का कुछ रूप आपके लिए अच्छा होता है, लेकिन यह सोच मॉडल पूरी तरह से निष्क्रिय नहीं होता है, जो इस खंड में बाद में कवर किया गया है।

इसलिए बुद्धिमान सोच का पहला सिद्धांत यह समझना है कि सोच एक सक्रिय प्रक्रिया है और विचार सभी निष्क्रिय होते हैं। और आपका काम आपकी सोच को नियंत्रित करना है। यद्यपि निष्क्रिय सोच का कुछ रूप आपके लिए अच्छा होता है, लेकिन यह सोच मॉडल पूरी तरह से निष्क्रिय नहीं होता है, जो इस खंड में बाद में कवर किया गया है।

बुद्धिमान सोच आपके आई.क्यू. (बुद्धि) पर निर्भर नहीं करती है

अब आइए, एक और मिथक पर ध्यान दें, जो कई लोगों को अलग तरह से सोचना शुरू करने में पंगु बना देता है। उनका मानना है कि सोच के लिए अधिक आई.क्यू. (IQ) की आवश्यकता होती है और आई.क्यू.

की कमी उन्हें बुद्धिमानी से सोचने के लिए कम योग्य बनाती है।

आइए, संक्षेप में आई.क्यू. (बुद्धि) परीक्षणों के मूल को देखें। मूल बुद्धि परीक्षण सन् 1900 के प्रारंभ में विकसित किए गए थे और उनका मुख्य उद्‌देश्य यह अनुमान लगाने में मदद करना था कि किन बच्चों के स्कूल में कठिनाई का अनुभव करने की सबसे अधिक संभावना थी? मूल रूप से एक आई.क्यू. की गणना मानसिक आयु (परीक्षण द्वारा मापी गई) को वास्तविक आयु से भाग देकर और परिणामी भागफल को 100 से गुणा करके की जाती थी। परिणामी संख्या आपका आई.क्यू. स्कोर होता है और इसकी शेष जनसंख्या से तुलना 0–200 के पैमाने पर की जाती है।

संक्षेप में आई.क्यू. (बुद्धि) परीक्षणों के मूल को देखें। मूल बुद्धि परीक्षण सन् 1900 के प्रारंभ में विकसित किए गए थे और उनका मुख्य उद्‌देश्य यह अनुमान लगाने में मदद करना था कि किन बच्चों के स्कूल में कठिनाई का अनुभव करने की सबसे अधिक संभावना थी?

जबकि तब से कई परीक्षण विकसित किए गए हैं, जैसे—वेच्सलर इंटेलिजेंस स्केल फॉर चिल्ड्रन (WISC), द स्टैनफोर्ड-बिनेट, वेच्सलर एडल्ट इंटेलिजेंस स्केल थर्ड एडिशन (WAIS - III), द कॉफमैन असेसमेंट बैटरी फॉर चिल्ड्रेन (KABC-II) आदि। सभी बुद्धि परीक्षणों में प्रमुख बात यह है कि वे एक व्यक्ति की संज्ञानात्मक क्षमता को मापते हैं—विशेष रूप से सरल और सैद्धांतिक समस्याओं को हल करने की उनकी क्षमता।

यदि आप कभी दुनिया में उच्चतम आई.क्यू. की जाँच करते हैं तो आप कई नामों को नहीं पहचानेंगे। लेकिन आप यह भी देखेंगे कि दुनिया के कई बुद्धिमान विचारकों के पास उतनी उच्च आई.क्यू. नहीं थी।

अल्बर्ट आइंस्टीन और स्टीफन हॉकिंग के पास 160 का आई.क्यू. था, जो अच्छा माना जाता है, लेकिन विलियम जेम्स सिडिस (एक अमेरिकी गणितज्ञ, जिनका 250-300 का आई.क्यू. स्कोर था) या टेरेंस ताओ (एक अन्य गणितीय प्रतिभा, आई.क्यू. स्कोर 225-230) के आई.क्यू. स्कोर की तुलना में समानुपातिक रूप से बहुत बड़ी नहीं है।

कीथ स्टैनोविच, कनाडा के टोरंटो विश्वविद्यालय में मानव विकास और अनुप्रयुक्त मनोविज्ञान के एक प्रोफेसर और 'व्हाट् इंटेलिजेंस टेस्ट्स मिस' के लेखक ने कहा है—"बुद्धि परीक्षण संज्ञानात्मक कार्य के एक महत्त्वपूर्ण डोमेन को मापते हैं और वे शैक्षणिक और कार्य सफलता का पूर्वानुमान करने के लिए मध्यम रूप से अच्छे हैं। लेकिन वे अधूरे होते हैं। वे 'अच्छी सोच' के सरनामे के अंतर्गत आनेवाले कुशलता के पूर्ण कवच से कम रह जाते हैं।" आई.क्यू. सबकुछ नहीं है।

बुद्धि परीक्षण संज्ञानात्मक कार्य के एक महत्त्वपूर्ण डोमेन को मापते हैं और वे शैक्षणिक और कार्य सफलता का पूर्वानुमान करने के लिए मध्यम रूप से अच्छे हैं। लेकिन वे अधूरे होते हैं। वे 'अच्छी सोच' के सरनामे के अंतर्गत आनेवाले कुशलता के पूर्ण कवच से कम रह जाते हैं।

"एक उच्च आई.क्यू. एक बास्केटबॉल खिलाड़ी की ऊँचाई की तरह है," डेविड परकिंस, जो कैंब्रिज, मैसाचुसेट्स में हार्वर्ड ग्रैजुएट स्कूल ऑफ एजुकेशन में सोच और तर्क कौशल का अध्ययन करते हैं, कहते हैं, "यह बहुत महत्त्वपूर्ण है, अन्य सभी चीजें समान होते हुए। लेकिन अन्य सभी चीजें समान नहीं होती हैं। एक अच्छा बास्केटबॉल खिलाड़ी होने के लिए लंबा होने के अलावा भी बहुत-कुछ चाहिए होता

है और एक अच्छा विचारक होने के लिए उच्च आई.क्यू. के अलावा भी बहुत-कुछ चाहिए होता है।"

बुद्धिमान सोच पूरी तरह से आई.क्यू. पर निर्भर नहीं होती है; बल्कि यह स्वभाव और जीवन भर सीखने पर अधिक निर्भर करती है, जैसाकि वॉरेन बफे और उनके अरबपति साथी, चार्ली मुंगेर मानते थे।

बुद्धिमान सोच पूरी तरह से आई.क्यू. पर निर्भर नहीं होती है; बल्कि यह स्वभाव और जीवन भर सीखने पर अधिक निर्भर करती है, जैसाकि वॉरेन बफे और उनके अरबपति साथी, चार्ली मुंगेर मानते थे। जैसाकि बफे और मुंगेर ने एक साक्षात्कार में कहा था कि अगर आपके पास दो कौशल हैं तो आप चतुराई में उन लोगों को मात दे सकते हैं, जो आपसे ज्यादा स्मार्ट हैं—

1. बुद्धि (आई.क्यू.) से अधिक महत्त्वपूर्ण स्वभाव है। आप एक उचित बुद्धि के साथ काम कर सकते हैं, लेकिन आपके पास सही स्वभाव होना आवश्यक है।
2. आपको जीवन भर सीखने के लिए प्रतिबद्ध होना चाहिए। वॉरेन बफे अपने 80 के दशक में अपनी युवावस्था की तुलना में काफी बेहतर हैं, जैसाकि चार्ली मुंगेर बताते हैं, 'यदि आप हर समय सीखते रहते हैं तो वह जुड़ता जाता है और आपके पास दूसरों के ऊपर अद्भुत लाभ होता है।'

पिछले खंड में हमने मस्तिष्क की विभिन्न परतों के कार्यों को जानने के लिए हमारे मन की परतों में गहराई से खोज की है। हमने अपने सिर में आनेवाले 'निष्क्रिय' विचारों की तुलना में 'सक्रिय' सोच प्रक्रिया की जाँच की। हमने यह चर्चा भी की कि कैसे आई.क्यू. मानव मस्तिष्क की सोच क्षमताओं को निर्धारित करनेवाले कारकों में से केवल एक है,

बहुत से अन्य कारकों के साथ, जो प्रभावी सोच में योगदान करते हैं। इस अध्याय को समाप्त करने से पहले, आइए, लोगों द्वारा अपनाई जानेवाली विभिन्न प्रकार की सोच को समझें।

अवधारणात्मक सोच के सरलतम रूप से लेकर जटिल आलोचनात्मक और प्रणालीगत सोच तक विभिन्न प्रकार की सोच होती है। यहाँ उद्देश्य आपको कुछ सारगर्भित विचार देने का और आपको यह पता लगाने में मदद करने का है कि आप अधिकतर किस तरह की सोच रखते हैं?

विभिन्न प्रकार की सोच

अवधारणात्मक सोच के सरलतम रूप से लेकर जटिल आलोचनात्मक और प्रणालीगत सोच तक विभिन्न प्रकार की सोच होती है। यहाँ उद्देश्य आपको कुछ सारगर्भित विचार देने का और आपको यह पता लगाने में मदद करने का है कि आप अधिकतर किस तरह की सोच रखते हैं? यह आपको इस बारे में भी कुछ दृष्टिकोण देगा कि आपके आसपास के लोग विशेष रूप से कैसे सोचते हैं? मुझे विश्वास है कि सोच के इन विभिन्न प्रकारों के बारे में पढ़ते समय आप अपने आसपास के कई व्यक्तियों को याद करेंगे और शायद उन्हें एक विशेष प्रकार से लेबल करेंगे। आइए, विभिन्न प्रकार की सोच शैलियों की एक संक्षिप्त समझ प्राप्त करें—

अवधारणात्मक सोच

यह सोचने का सबसे सरल रूप है, जहाँ आप अपने खुद के जीवन के अनुभवों के आधार पर चीजों को महसूस करते हैं। इसे ठोस सोच के रूप में भी जाना जाता है, क्योंकि आप केवल उन चीजों को महसूस

करते हैं, जिन्हें आपने वास्तव में अनुभव किया है। इस प्रकार की सोच व्यक्ति के जीवन की उसकी खुद की धारणा को ध्यान में रखती है और यह पूरी तरह से जीवन के उसके स्वयं के अनुभवों पर आधारित होती है। आप बहुत अच्छी तरह से अनुमान लगा सकते हैं कि यह बहुत ही सीमित प्रकार की सोच या 'इन-द-बॉक्स' सोच है।

वैचारिक या सार सोच

यह सोचने का एक बेहतर संस्करण है, जिसमें आप कई अन्य अवधारणाओं, वस्तुओं और भाषाओं आदि पर विचार करते हैं; क्योंकि आप अपनी स्वयं की सीमित अवधारणात्मक दुनिया से परे सोच रहे होते हैं, इससे दूसरों के दृष्टिकोण और सामान्य रूप से दुनिया को समझने में मदद मिलती है।

यह सोचने का एक बेहतर संस्करण है, जिसमें आप कई अन्य अवधारणाओं, वस्तुओं और भाषाओं आदि पर विचार करते हैं; क्योंकि आप अपनी स्वयं की सीमित अवधारणात्मक दुनिया से परे सोच रहे होते हैं, इससे दूसरों के दृष्टिकोण और सामान्य रूप से दुनिया को समझने में मदद मिलती है। इस तरह की सोचवाले लोग विभिन्न विचारों की खोज करने के लिए खुले होते हैं और खुद को केवल अपने स्वयं के सीमित जीवन के अनुभवों की सीमा में नहीं रखते।

चिंतनशील सोच

जैसाकि नाम से पता चलता है, सोचने की इस प्रक्रिया में पिछले अनुभवों और व्यक्ति के ज्ञान और कौशल का गहरा प्रतिबिंब शामिल होता है। इसका उपयोग जटिल समस्याओं को हल करने के लिए किया जाता है। इस प्रक्रिया में आप एक विशेष स्थिति के बारे में अपने

अनुभव, अपने कौशल और समस्या से संबंधित सभी प्रासंगिक तथ्यों को तार्किक क्रम में व्यवस्थित करते हैं और फिर स्थिति पर समग्र रूप से विचार करते हैं। चिंतनशील सोच जल्दबाजी में लिये गए और आवेगपूर्ण निर्णयों से बचने के लिए महत्त्वपूर्ण है और आपके पास जो भी ज्ञान, जानकारी और कौशल है, उसका पूरा लाभ उठाकर आपको आपका सर्वश्रेष्ठ निर्णय लेने में मदद करती है। आप चिंतनशील सोच के बाद लिये गए निर्णयों के प्रति आश्वस्त महसूस करते हैं।

रचनात्मक सोच

इस प्रकार की सोच में आपके अतीत में सीखे हुए और जीवन के अनुभवों के आधार पर नए विचारों और अवधारणाओं की तलाश करना शामिल है। इसमें दो मौजूदा विचारों का संलयन और एक नई अवधारणा का निर्माण हो सकता है, या इसमें वास्तविक जीवन की स्थितियों में प्रयोग बढ़ाने के लिए अचानक मिली अंतर्दृष्टि या अंतर्ज्ञान की चिनगारियों का उपयोग करना शामिल हो सकता है। इस प्रकार की सोच उन लोगों के लिए संभव है, जो खुद को तर्कों या कारण तक सीमित नहीं करना चाहते हैं। रचनात्मक सोच विशाल होती है और नई सोच तथा विचारों को प्राप्त करने के लिए किसी भी दिशा

इस प्रकार की सोच में आपके अतीत में सीखे हुए और जीवन के अनुभवों के आधार पर नए विचारों और अवधारणाओं की तलाश करना शामिल है। इसमें दो मौजूदा विचारों का संलयन और एक नई अवधारणा का निर्माण हो सकता है, या इसमें वास्तविक जीवन की स्थितियों में प्रयोग बढ़ाने के लिए अचानक मिली अंतर्दृष्टि या अंतर्ज्ञान की चिनगारियों का उपयोग करना शामिल हो सकता है।

में भटक सकती है। यह सोच का एक बेहतर रूप है, जहाँ आप खोज करने के लिए खुले और अपने अंतर्ज्ञान को सुनने के लिए तैयार रहते हैं; इस प्रकार संभावनाएँ असीमित होती हैं। यही कारण है कि आइंस्टीन ने कहा था—"कल्पना ज्ञान से अधिक महत्त्वपूर्ण है; क्योंकि ज्ञान सीमित होता है, जबकि कल्पना पूरे विश्व को गले लगाती है, प्रगति को उत्तेजित करती है, विकास को जन्म देती है।"

गहन सोच एक उच्च क्रम, अत्यधिक अनुशासित विचार प्रक्रिया है, जिसमें एक वैध, निष्पक्ष निर्णय पर पहुँचने के लिए अवधारणा, व्याख्या, विश्लेषण, संश्लेषण और मूल्यांकन जैसे संज्ञानात्मक कौशलों का उपयोग शामिल है। एक गहन विचारक किसी भी प्रस्ताव को 'इस प्रस्ताव के साथ क्या गलत हो सकता है?'

गहन सोच

सोचने का यह तरीका व्यक्तिगत विचारों, अनुमानों, पूर्वग्रहों और राय से अलग हटकर अपने विचारों को सुलझाने, सत्य की खोज करने और समस्याओं को हल करने के बारे में है। इस सोच के लिए एक उच्च संज्ञानात्मक सोच कौशल की आवश्यकता होती है।

गहन सोच एक उच्च क्रम, अत्यधिक अनुशासित विचार प्रक्रिया है, जिसमें एक वैध, निष्पक्ष निर्णय पर पहुँचने के लिए अवधारणा, व्याख्या, विश्लेषण, संश्लेषण और मूल्यांकन जैसे संज्ञानात्मक कौशलों का उपयोग शामिल है। एक गहन विचारक किसी भी प्रस्ताव को 'इस प्रस्ताव के साथ क्या गलत हो सकता है?' के लेंस के माध्यम से जाँचता है और फिर भविष्य में उत्पन्न हो सकनेवाली चुनौतियों का सामना करने के लिए तर्क या समाधान ढूँढ़ता है।

इसलिए गहन सोच 'शैतान के वकील' की भूमिका निभाती है और इस प्रकार आवश्यक होने पर आपको सावधानी बरतने में मदद करती है।

गैर-निर्देशित या साहचर्य सोच

'सोच' और 'विचार' के बीच का अंतर समझाते समय हमने अपने मन को किसी भी दिशा में भटकने की अनुमति देने की बात की थी। गैर-निर्देशित या साहचर्य सोच एक अनिर्देशित तरीके से सोच का ऐसा ही एक स्वतंत्र प्रवाह है। यहाँ आप अपनी कल्पना को पंख देते हैं और उसे उड़ने देते हैं। यह गैर-निर्देशित, गैर-लक्षित तरीके की सोच होती है, जहाँ आप अपने मन को विभिन्न दिशाओं के साथ विचारों को जोड़ने की अनुमति देते हैं और नई संभावनाओं को ट्रिगर करने के लिए अपने मस्तिष्क में न्यूरो कनेक्शन बनाने की अनुमति देते हैं।

> ***'सोच' और 'विचार' के बीच का अंतर समझाते समय हमने अपने मन को किसी भी दिशा में भटकने की अनुमति देने की बात की थी। गैर-निर्देशित या साहचर्य सोच एक अनिर्देशित तरीके से सोच का ऐसा ही एक स्वतंत्र प्रवाह है। यहाँ आप अपनी कल्पना को पंख देते हैं और उसे उड़ने देते हैं।***

लक्ष्यहीन घुमंतुओं और साहचर्य विचारकों के बीच बहुत बड़ा अंतर है। लक्ष्यहीन पथिक अपनी सोच से कोई लाभ प्राप्त करने का इरादा नहीं रखता है, जबकि साहचर्य सोच का उपयोग करनेवाले लोग अपने मस्तिष्क की दीर्घकालिक यादों में उकेरे गए अचेतन गहरे विचारों में टैप करने के लिए उद्देश्यपूर्ण रूप से ऐसा करते हैं और फिर समस्याओं के रचनात्मक समाधान लाने के लिए सबकुछ जोड़ते हैं।

हमने इस खंड में 'हम कैसे सोचते हैं?' के बारे में बहुत-कुछ कवर किया है। अब अगले भाग पर चलते हैं, जहाँ हम आम लोगों के मिथकों या गलत धारणाओं का भंडाफोड़ करेंगे, जो मानते हैं कि किसी की सोच को बदलना मुश्किल है।

□

अध्याय-2

क्या आप वास्तव में अपने विचार के तरीके को बदल सकते हैं?

"आप जो प्राप्त कर सकते हैं, उसकी कोई सीमा नहीं है, सिवाय उन सीमाओं के, जो आप अपनी खुद की सोच पर लगाते हैं।"

—ब्रायन ट्रेसी

अब तक हम जान चुके हैं कि मानव मस्तिष्क कैसे कार्य करता है, कैसे न्यूरॉन्स फायर करते हैं, जुड़ते हैं और हमारे मस्तिष्क में विशिष्ट तंत्रिका मार्ग बनाते हैं। हालाँकि, पहले हम इन मार्गों को सुसंगत व्यवहार के माध्यम से बनाते थे, बाद में इन बार-बार दोहराए गए पैटर्न ने हमें विशिष्ट तरीके से सोचने के लिए यंत्रस्थ कर दिया।

जैसे-जैसे हम बड़े होते हैं, हम अपने सोचने के तरीके के साथ इतने एकीकृत हो जाते हैं कि एक अलग तरह से सोचना लगभग असंभव हो जाता है। लेकिन ऐसा नहीं है कि आपने जिस तरह से हमेशा सोचा है, आप उसी तरीके से हमेशा सोचते रहेंगे। वास्तव में तंत्रिका विज्ञान ने संदेह से बहुत परे साबित कर दिया है कि हमारे मस्तिष्क लचीले हैं और

बदल सकते हैं, उन परिस्थितियों और वातावरण के आधार पर, जिनके सामने वे अधिक बार आते हैं।

न्यूरोसाइंस या तंत्रिका विज्ञान ने सिद्ध किया है कि यह अवधारणा न्यूरोप्लास्टिक है। न्यूरोप्लास्टिसिटी आपके पर्यावरण, व्यवहार, सोच और भावनाओं में परिवर्तन के कारण आपके पूरे जीवन में शारीरिक और कार्यात्मक दोनों रूपों से खुद को पुनर्गठित करने की मस्तिष्क की क्षमता है। एम.आर.आई. की मदद से मस्तिष्क के अंदर 'देखने' की हाल की क्षमता के साथ विज्ञान ने किसी भी संदेह से परे मस्तिष्क की अविश्वसनीय रूप से बदलने की क्षमता की पुष्टि की है। हमारे न्यूरॉन्स में रासायनिक रूप से, संरचनात्मक रूप से और कार्यात्मक रूप से भी खुद को बदलने और बाहरी दुनिया के लिए खुद को अनुकूलित करने की क्षमता है, जिसका श्रेय न्यूरोप्लास्टिक की अवधारणा को जाता है।

> ***न्यूरोसाइंस या तंत्रिका विज्ञान ने सिद्ध किया है कि यह अवधारणा न्यूरोप्लास्टिक है। न्यूरोप्लास्टिसिटी आपके पर्यावरण, व्यवहार, सोच और भावनाओं में परिवर्तन के कारण आपके पूरे जीवन में शारीरिक और कार्यात्मक दोनों रूपों से खुद को पुनर्गठित करने की मस्तिष्क की क्षमता है।***

'द ब्रेन दैट चेंजेज इटसेल्फ : स्टोरीज ऑफ पर्सनल ट्रायम्फ फ्रॉम द फ्रंटियर्स ऑफ ब्रेन साइंस' में लेखक नॉर्मन डाइज कहते हैं—"मस्तिष्क एक निर्जीव पात्र नहीं है, जिसे हम भरते हैं; बल्कि यह भूख के साथ एक जीवित प्राणी की तरह अधिक है, एक ऐसा, जो उचित पोषण और व्यायाम के साथ खुद को विकसित कर सकता है और बदल सकता है।

एक नवजात शिशु सबसे अधिक न्यूरोप्लास्टिक होता है—वह एक योद्धा, संगीतकार या एक ज्ञान कार्यकर्ता हो सकता है। इसलिए कहा जाता है कि एक बच्चा एक साफ स्लेट की तरह होता है और आप उस स्लेट पर कुछ भी लिख सकते हैं। एक बार उस बच्चे की स्लेट पर कोई प्रोग्राम लिख दिया जाता है तो वह उसी कार्यक्रम के आधार पर अपना जीवन चलाता रहता है, जब तक कि बच्चे को यह समझ में नहीं आ जाता कि वह अपनी पसंद का एक अलग कार्यक्रम चुन सकता है।

विज्ञान ने दिखा दिया है कि उम्र या किसी अन्य कारक की परवाह किए बिना हमारे पूरे जीवन के दौरान न्यूरोप्लास्टिक परिवर्तन होते रहते हैं। संज्ञानात्मक कार्य में मौलिक सुधार—हम कैसे सीखते हैं, सोचते हैं, अनुभव करते हैं और याद करते हैं—बुजुर्गों में भी संभव है। आपका मस्तिष्क आपके द्वारा की गई दोहरावदार चीजों और आपको हुए अनुभवों के आधार पर शारीरिक बदलाव करता है। अब हम कह सकते हैं कि जिम रौह्न के उद्धरण का कुछ वैज्ञानिक समर्थन है—"आप उन पाँच लोगों का औसत हैं, जिनके साथ आप सबसे अधिक समय बिताते हैं।"

> ***विज्ञान ने दिखा दिया है कि उम्र या किसी अन्य कारक की परवाह किए बिना हमारे पूरे जीवन के दौरान न्यूरोप्लास्टिक परिवर्तन होते रहते हैं। संज्ञानात्मक कार्य में मौलिक सुधार—हम कैसे सीखते हैं, सोचते हैं, अनुभव करते हैं और याद करते हैं—बुजुर्गों में भी संभव है।***

आप अपने आसपास के वातावरण को बदलकर अपने सोचने के तरीके को बदल सकते हैं, जिसमें स्थान, लोग या चीजें शामिल हैं। आपकी संगति आपकी सोच को प्रभावित करती है।

अपनी उम्र की परवाह किए बिना अपनी सोच बदलें

लेकिन फिर भी कुछ लोगों का मानना है कि एक निश्चित उम्र के बाद किसी की सोच को बदलना या सुधारना वास्तव में मुश्किल है। कई लोग मान लेते हैं कि मानसिक और शारीरिक क्षमता उम्र के साथ अनिवार्य रूप से कम हो जाती है और यह कि हम पच्चीस साल की उम्र के बाद दैनिक आधार पर महत्त्वपूर्ण मस्तिष्क क्षमता खोने लगते हैं।

> *लेकिन फिर भी कुछ लोगों का मानना है कि एक निश्चित उम्र के बाद किसी की सोच को बदलना या सुधारना वास्तव में मुश्किल है। कई लोग मान लेते हैं कि मानसिक और शारीरिक क्षमता उम्र के साथ अनिवार्य रूप से कम हो जाती है...*

लेकिन ऐसा नहीं है। एक बार फिर अध्ययन और अनुसंधानों ने अन्यथा साबित किया है। वास्तव में, उम्र के साथ औसत मस्तिष्क में सुधार हो सकता है। हमारे न्यूरॉन्स हमारे पूरे जीवनकाल में अधिक-से-अधिक जटिल नए संबंध बनाने में सक्षम हैं और हमारी न्यूरोनल निधि इतनी महान् है कि भले ही हम अपने जीवन के बचे हुए हिस्सों में हर दिन एक हजार मस्तिष्क कोशिकाओं को खो देते हैं, फिर भी यह हमारी कुल कोशिकाओं के 1 प्रतिशत से भी कम होगा। (बेशक यह महत्त्वपूर्ण है कि आप वह 1 प्रतिशत न खोएँ, जिसका आप वास्तव में उपयोग करते हैं!)

आप सचमुच अपनी आवश्यकताओं के अनुसार, अपने मस्तिष्क के संबंधित भागों को बदलना शुरू कर सकते हैं। हमारे मस्तिष्क इतने लचीले हैं कि वे हमारे उद्देश्यों को प्राप्त करने में मदद करने के लिए जो कुछ भी कर सकते हैं, वे करते हैं। हमारे मस्तिष्क के हिस्से उपयोग होने पर बढ़ सकते हैं और उपयोग न होने पर घट सकते हैं।

लंदन में टैक्सी और बस चालकों पर उनके मस्तिष्क की जाँच करने के लिए एक अध्ययन किया गया था। इससे पता चला कि उनके पास औसत लोगों की तुलना में बड़े मिड-पॉस्टिरियर हिप्पोकैंपी (स्मृति के लिए जिम्मेदार हिस्सा) थे। एक टैक्सी ड्राइवर ने कहा, "यह लगभग ऐसा है, जैसे यह ऊपर आपके मस्तिष्क में कहीं-न-कहीं है और आपने इस नक्शे (लंदन स्ट्रीट मैप) को, एक छोटे से सॉफ्टवेयर को, अंदर खिसकाने के लिए पर्याप्त स्थान बना लिया है।"

टेक्सास ए एंड एम न्यूरोसाइंटिस्ट बिल क्लेम द्वारा किए गए शोध में बाद में यह सुझाव दिया गया कि हमारे मस्तिष्क में लगातार नए न्यूरॉन्स का उत्पादन हो रहा है। और यह उन लोगों के लिए वास्तव में अच्छी खबर है, जो बूढ़े हो रहे हैं और जिन्हें मानसिक गिरावट का डर है। लेकिन बुरी खबर यह है कि जीवित रहने के लिए इन न्यूरॉन्स को लगातार पोषित किया जाना चाहिए। दूसरे शब्दों में, हम या तो उनका उपयोग करते हैं या उन्हें खो देते हैं।

टेक्सास ए एंड एम न्यूरोसाइंटिस्ट बिल क्लेम द्वारा किए गए शोध में बाद में यह सुझाव दिया गया कि हमारे मस्तिष्क में लगातार नए न्यूरॉन्स का उत्पादन हो रहा है। और यह उन लोगों के लिए वास्तव में अच्छी खबर है, जो बूढ़े हो रहे हैं और जिन्हें मानसिक गिरावट का डर है।

बच्चे अपनी संज्ञानात्मक क्षमताओं का विकास कैसे करते हैं?

जब हम एक बीज बोते हैं तो शुरू में उसे अतिरिक्त देखभाल और धैर्य की आवश्यकता होती है। आपको उसकी अच्छी तरह से सेवा करनी होती है, ठीक से पानी देना होता है, खरपतवार से छुटकारा दिलाना होता है और उचित खाद देनी होती है। यह सब इसलिए, क्योंकि आप नींव की

स्थापना कर रहे हैं और बीज को गहरी जड़ें प्राप्त करने में मदद कर रहे हैं, ताकि वह मजबूत बन सके और तेजी से बढ़ सके।

एक बच्चे के पालन-पोषण में भी यही सिद्धांत लागू होता है। यदि आप एक नए माता/पिता हैं, होने की इच्छा रखते हैं या युवा मस्तिष्कों को सिखा रहे हैं तो आप एक बच्चे की जिज्ञासा को पोषित करने के महत्त्व को जानते हैं, जिससे उसे बाहरी वातावरण के बारे में पता चले और यह भी कि इस दुनिया में कैसे व्यवस्थित होना है!

हमें एक विशिष्ट उम्र में उनकी संज्ञानात्मक क्षमताओं के आधार पर अगली पीढ़ी में अच्छी सोच क्षमताओं को विकसित करने के लिए क्या जानने की आवश्यकता है? विकास के विभिन्न चरणों में बच्चों की सीखने की क्षमता क्या होती है? वे अपनी संज्ञानात्मक क्षमताओं को कैसे विकसित करते हैं?

हमें एक विशिष्ट उम्र में उनकी संज्ञानात्मक क्षमताओं के आधार पर अगली पीढ़ी में अच्छी सोच क्षमताओं को विकसित करने के लिए क्या जानने की आवश्यकता है? विकास के विभिन्न चरणों में बच्चों की सीखने की क्षमता क्या होती है? वे अपनी संज्ञानात्मक क्षमताओं को कैसे विकसित करते हैं?

फ्रांसीसी मनोवैज्ञानिक, जीन प्लेगेट ने 1952 में बच्चों की उम्र के आधार पर उनमें संज्ञानात्मक विकास पर अपने युतिसंपन्न सिद्धांत को प्रकाशित किया। उनके सिद्धांत ने माता-पिता के इस प्रचलित विश्वास का विरोध किया कि बच्चों में सोचने की क्षमता तब तक नहीं होती है, जब तक वे कुछ बड़े नहीं हो जाते या बोलना नहीं सीख लेते। प्लेगेट का शोध इस बारे में था कि बच्चे अपने पर्यावरण के बारे में कैसे प्रतिक्रिया देते हैं? उन्होंने विकास के चार संज्ञानात्मक चरणों का प्रस्ताव दिया—

1. जन्म से लगभग 2 वर्ष की आयु तक। इस अवस्था के दौरान बच्चे अपनी इंद्रियों और वस्तुओं के हेर-फेर के माध्यम से दुनिया के बारे में सीखते हैं। इसे 'सेंसरिमोटर स्टेज' कहा जाता है।

2. 2 वर्ष से 7 वर्ष तक। इस चरण के दौरान बच्चे स्मृति और कल्पना विकसित करते हैं। वे चीजों को प्रतीकात्मक रूप से समझने और अतीत तथा भविष्य के विचारों को समझने में सक्षम होते हैं। वे इसे 'प्रीऑपरेशनल स्टेज' कहते हैं।

3. 7 वर्ष से 11 वर्ष तक। इस चरण के दौरान बच्चे बाहरी घटनाओं के बारे में अधिक जागरूक हो जाते हैं, साथ ही अपनी स्वयं की भावनाओं के अलावा अन्य भावनाओं से भी। वे कम अहंकारी हो जाते हैं और समझने लगते हैं कि हर कोई उनके विचारों, मान्यताओं या भावनाओं को साझा नहीं करता है। इस चरण को 'कंक्रीट ऑपरेशनल स्टेज' के नाम से जाना जाता है।

2 वर्ष से 7 वर्ष तक। इस चरण के दौरान बच्चे स्मृति और कल्पना विकसित करते हैं। वे चीजों को प्रतीकात्मक रूप से समझने और अतीत तथा भविष्य के विचारों को समझने में सक्षम होते हैं। वे इसे 'प्रीऑपरेशनल स्टेज' कहते हैं।

4. 11 वर्ष और उससे अधिक आयु के। इस चरण के दौरान बच्चे समस्याओं को हल करने के लिए तर्क का उपयोग करने में उनके आसपास की दुनिया को देखने और भविष्य की योजना बनाने में सक्षम हो जाते हैं। इसे 'फॉर्मल ऑपरेशनल स्टेज' कहते हैं।

जिन बच्चों को नए ज्ञान और सीखने के लिए अनुकूल वातावरण मिलता है, उनकी संज्ञानात्मक क्षमताओं में अधिक तेजी से विकास होता है। चूँकि उनके युवा और कोमल मन अतीत के बारे में कुछ भी नहीं जानते, इसलिए हर नया अनुभव उनके सामने नए न्यूरो-कनेक्शंस लाता है, जो फिर उनकी दीर्घकालिक स्मृति का हिस्सा बनता है और उन्हें बेहतर सोचने में मदद करता है। चूँकि बच्चे बहुत कम उम्र में समझना, सीखना शुरू कर देते हैं, इसलिए उनकी उम्र और सीखने की क्षमताओं के आधार पर उन्हें नया सीखने की पर्याप्त सामग्री प्रदान करना बेहतर होता है। चूँकि वे उससे कहीं अधिक चीजें समझते हैं, जितना हम वयस्कों को लगता है कि वे समझते हैं, इसलिए उन्हें नई संभावनाओं से अवगत कराते रहना, उन्हें नए स्थानों पर ले जाना और विभिन्न प्रकार के लोगों से मिलाते रहना अच्छा होगा, ताकि हम उन्हें तेजी से तैयार कर सकें।

> ***बच्चे बहुत कम उम्र में समझना, सीखना शुरू कर देते हैं, इसलिए उनकी उम्र और सीखने की क्षमताओं के आधार पर उन्हें नया सीखने की पर्याप्त सामग्री प्रदान करना बेहतर होता है।***

संज्ञानात्मक आत्म-नियंत्रण अधिक महत्त्वपूर्ण है

अपनी पुस्तक 'हाउ चिल्ड्रेन सक्सीड' में पॉल टफ एक शिक्षक, एलिजाबेथ स्पीगल का उदाहरण देते हैं, जिनका बच्चों को प्रशिक्षित करने का एक विशिष्ट तरीका था। उनका मानना था कि हमारे मस्तिष्क के दो सबसे महत्त्वपूर्ण कार्यकारी कार्य हैं—

- **संज्ञानात्मक लचीलापन :** यह वैकल्पिक समाधान देखने की और 'आउट ऑफ बॉक्स' सोचने की मानवीय क्षमता के बारे में है।

- **संज्ञानात्मक आत्म-नियंत्रण :** इसका मतलब है—किसी भी स्थिति पर एक सहज और अभ्यस्त प्रतिक्रिया को रोकने और उसे एक अधिक प्रभावी और कम स्पष्ट प्रतिक्रिया के साथ प्रतिस्थापित करने की मनुष्य की क्षमता।

स्पीगल का दृष्टिकोण था कि मनुष्य के लिए इस बात पर ध्यान केंद्रित करना मुश्किल है कि वे क्या गलत कर रहे हैं या बुरी तरह से कर रहे हैं? वे मानती थीं कि एक नया कौशल हासिल करने के लिए आपको सटीक रूप से पता होना चाहिए कि आप कहाँ गलती कर रहे हैं? किसी भी परिवर्तन के लिए पहला कदम आत्म-जागरूकता है। इस बात से अवगत होने के बाद ही कि आप कहाँ खड़े हैं, आप उस स्थान से आगे बढ़ने के लिए सही कदम उठा सकते हैं।

> *स्पीगल का दृष्टिकोण था कि मनुष्य के लिए इस बात पर ध्यान केंद्रित करना मुश्किल है कि वे क्या गलत कर रहे हैं या बुरी तरह से कर रहे हैं? वे मानती थीं कि एक नया कौशल हासिल करने के लिए आपको सटीक रूप से पता होना चाहिए कि आप कहाँ गलती कर रहे हैं?*

यही चीज सोच पर लागू होती है। हम अपनी सोच से इतने करीब से जुड़े होते हैं कि उसे बाहर से देखना और उसमें दोष ढूँढ़ना हममें से अधिकांश के लिए बहुत मुश्किल होता है। हमने पहले अध्याय में सीखा कि कैसे एक्सेलरेटर को जोर से दबाने और साथ-साथ ब्रेक को पंप करने से आप अपने गंतव्य तक जल्दी नहीं पहुँच सकते, बल्कि आप अपने कीमती मानसिक संकायों का दुरुपयोग कर रहे होते हैं। यदि आप अपनी सोच की क्षमताओं को बेहतर बनाने के लिए प्रयास करते रहते हैं, लेकिन अपनी अभ्यस्त आवेगपूर्ण सोच को नियंत्रित करने के लिए कोई

कदम नहीं उठाते हैं, जो गलत निर्णय की ओर ले जाती है, तो आप एक लंबा रास्ता तय नहीं कर सकते।

इस खंड का उद्देश्य यह बताना है कि न्यूरोप्लास्टी की अवधारणा हमें यह आश्वासन देती है कि मनुष्य अपने सोचने के तरीके को बदल सकते हैं, उस पर्यावरण और परिस्थितियों पर निर्भर करते हुए, जिसमें वे लंबे समय तक रहते हैं। इस बात की स्पष्ट संभावना है कि आप अपने विशिष्ट उद्देश्यों को पूरा करने के लिए जिस तरह से चाहें, सोच सकते हैं।

अगले अध्याय में हम सोच की उन सबसे सामान्य त्रुटियों के बारे में बात करेंगे, जिनके कारण हम फिसल जाते हैं, ताकि सोचने के नए और बुद्धिमत्तापूर्ण तरीकों में महारत प्राप्त करने से पहले हम उन्हें भुलाना शुरू कर सकें।

□

अध्याय-3

सबसे आम सोच त्रुटियाँ, जिनसे आपको छुटकारा पाना चाहिए

"सरल जटिल से कठिन हो सकता है : आपको अपनी सोच को सरल व स्वच्छ बनाने के लिए कड़ी मेहनत करनी होगी। लेकिन अंत में ऐसा करना सार्थक होगा, क्योंकि एक बार जब आप वहाँ पहुँच जाएँगे तो आप पहाड़ों को भी स्थानांतरित कर सकते हैं।"

—स्टीव जॉब्स

मान लीजिए, आप एक सड़क पर यात्रा कर रहे हैं। क्या आप रुकने और अपने कार्यकलाप को बदलने के बारे में सोचेंगे, जब तक कि आपको किसी प्रकार का अनुमान नहीं होता कि आपने अनजाने में गलत रास्ता अपना लिया है? क्या आप तब तक एक और नक्शा देखने की परेशानी उठाएँगे, जब तक आप यह न जान लें कि आप गलत जा रहे हैं या आप एक छोटा या बेहतर रास्ता खोजने के इच्छुक हैं?

नहीं, आप ऐसा नहीं करेंगे; क्योंकि यदि आप अपने गंतव्य के लिए

सर्वश्रेष्ठ रोडमैप के बारे में आश्वस्त हैं, तो आप कभी भी जी.पी.एस. को देखने की परेशानी नहीं उठाएँगे, बल्कि आप बस, कार चलाते रहेंगे।

यही सिद्धांत जीवन पर भी लागू होते हैं।

आप रुककर अपने जीवन की दिशा को जाँचना नहीं चाहते हैं, जब तक कि आपको कोई आंतरिक टहोका (हलका धक्का) या आपके दृष्टिकोण के बारे में कुछ गलत होने का अनुमान नहीं होता है। कोई भी परिवर्तन लाने के लिए पहला कदम उस चीज के बारे में जागरूक होना है, जिसे परिवर्तन की आवश्यकता है।

आपने बुद्धिपूर्ण तरीके से बेहतर सोचने के बारे में एक पुस्तक पढ़ने का चुनाव किया। क्या इसका मतलब यह है कि आप अब तक समझदारी से नहीं सोच रहे थे? कृपया नाराज न हों। चूँकि मैं आपको व्यक्तिगत रूप से नहीं जानता, इसलिए मैं इस पुस्तक को लेने के आपके उद्‌देश्य के बारे में कोई धारणा नहीं बना सकता।

आपने बुद्धिपूर्ण तरीके से बेहतर सोचने के बारे में एक पुस्तक पढ़ने का चुनाव किया। क्या इसका मतलब यह है कि आप अब तक समझदारी से नहीं सोच रहे थे? कृपया नाराज न हों। चूँकि मैं आपको व्यक्तिगत रूप से नहीं जानता, इसलिए मैं इस पुस्तक को लेने के आपके उद्‌देश्य के बारे में कोई धारणा नहीं बना सकता। हो सकता है कि आप सिर्फ अवधारणाओं के अपने ज्ञान का परीक्षण करना चाहते हैं, ताकि आप समझ सकें कि आप पहले से ही बुद्धिमान हैं या आपको अभी भी अपनी तीक्ष्णता में सुधार करने की आवश्यकता हो सकती है, या शायद आप खुद को एक जीनियस समझते हैं और आपने उत्सुकतावश पुस्तक ले ली, यह पता करने के लिए कि क्या इसमें

आपके ज्ञान से परे कोई ऐसी चीज है, जो यह पेश कर सकती है?

आप चाहे जीवन के किसी भी पड़ाव पर हों, जो बात मैं आपको समझाने की कोशिश कर रहा हूँ, वह यह है कि आप केवल तभी बदल सकते हैं, जब आपको यह विश्वास हो जाए कि आपके वर्तमान दृष्टिकोण में कुछ गड़बड़ है या आपको लगता है कि कोई बेहतर तरीका होना चाहिए।

जब तक आप यह नहीं समझ लेते कि आपके सोचने के तरीके में खामियाँ हैं, क्या आप बदलना चाहेंगे? नहीं, आप नहीं चाहेंगे। आपके लिए विश्वास करना मुश्किल हो सकता है, लेकिन आप अपने विचारों से इतने करीब से जुड़े होते हैं कि आप हमेशा उन्हें सही मानते हैं और इसलिए उनका बचाव करते हैं। ऐसा इसलिए है, क्योंकि आप अभी तक दूसरे तरीके को नहीं समझते हैं, यानी सोचने के बेहतर तरीके को।

आप चाहे जीवन के किसी भी पड़ाव पर हों, जो बात मैं आपको समझाने की कोशिश कर रहा हूँ, वह यह है कि आप केवल तभी बदल सकते हैं, जब आपको यह विश्वास हो जाए कि आपके वर्तमान दृष्टिकोण में कुछ गड़बड़ है या आपको लगता है कि कोई बेहतर तरीका होना चाहिए।

जब तक 16वीं शताब्दी के गणितज्ञ और खगोलविज्ञानी कोपरनिकस ने यह सिद्धांत प्रस्तुत नहीं किया कि सूर्य ब्रह्मांड का केंद्र है और उसके चारों ओर ग्रह घूमते हैं, व्यापक रूप से यह माना जाता था कि पृथ्वी समतल है और सूर्य, चंद्रमा आदि इसके चारों ओर घूमते हैं। क्या आप उस दृष्टिकोण का सबसे बड़ा नुकसान जानते हैं? कोई भी अन्य देशों की खोज करने की हिम्मत नहीं करता था, क्योंकि उनका मानना था कि पृथ्वी सपाट है और उन्हें लगता

था कि यदि वे अन्य द्वीपों की तलाश में जहाज या नाव द्वारा समुद्र में बहुत दूर चले गए तो वे गिर सकते थे। आज यह सोच इतनी हास्यास्पद लगती है, है न? लेकिन जब 16वीं शताब्दी के लोगों ने अपने विचार को सही किया कि पृथ्वी सपाट नहीं, गोल है, तो नए देशों की खोज होने लगी।

इसी तरह, जर्म थ्योरी की एक अवधारणा थी, जिसे 1860 और 1870 के दशकों में लुई पाश्चर, एक फ्रांसीसी सूक्ष्म जीवविज्ञानी द्वारा प्रस्तावित किया गया था। जर्म थ्योरी की खोज और प्रकाशन से पहले इलाज कर रहे चिकित्सकों के कारण बड़ी संख्या में माताएँ और नवजात शिशु प्रसव के दौरान जीवित नहीं बचते थे। डॉक्टर मानते थे कि रक्त की गंध और अन्य कारक इस स्थिति का कारण बनते थे, इसलिए वे अपने सभी प्रयास गुलाब या अन्य सुगंधें लगाकर प्रसव के कमरे को बेहतर बनाने में लगाते थे। लेकिन सबकुछ बदल गया, जब पाश्चर ने उपस्थित चिकित्सकों में स्वच्छता की कमी और बिना रोगाणुमुक्त किए हुए उपकरणों के उपयोग पर, जो सूक्ष्मजीवों या कीटाणुओं के कारण संक्रमण फैलाते थे और बड़ी संख्या में मौतों के लिए जिम्मेदार होते थे, अपने विचार प्रस्तुत किए। इसलिए सामूहिक मृत्यु के लिए सोच का एक गलत तरीका मुख्य रूप से जिम्मेदार था। लेकिन जैसे

जर्म थ्योरी की एक अवधारणा थी, जिसे 1860 और 1870 के दशकों में लुई पाश्चर, एक फ्रांसीसी सूक्ष्म जीवविज्ञानी द्वारा प्रस्तावित किया गया था। जर्म थ्योरी की खोज और प्रकाशन से पहले इलाज कर रहे चिकित्सकों के कारण बड़ी संख्या में माताएँ और नवजात शिशु प्रसव के दौरान जीवित नहीं बचते थे।

ही रोगाणुओं की उपस्थिति को समझा गया और डॉक्टरों ने रोगाणुओं के प्रसार को रोकने के लिए सावधानी बरतनी शुरू कर दी, समस्या को तुरंत संबोधित किया गया और इस प्रकार कीमती जीवनों का और नुकसान रोक दिया गया।

हमारे दोनों उदाहरणों में सामान्य तथ्य यह है कि जब तक प्रचलित सोच को अस्वीकार नहीं किया गया था, तब तक लोग मानते थे कि जो कुछ भी वे परंपरागत रूप से सोचते थे, वह सही था और इसलिए वे वांछित परिणाम प्राप्त नहीं करते थे। लेकिन जैसे ही उन्हें अपने सीमित दृष्टिकोण के बारे में पता चला, यह कुछ ऐसा था, जैसे उच्च बीम प्रकाश की एक लेजर-तेज किरण ने तुरंत उनकी सोच को स्पष्ट कर दिया और उन्हें खोजों के संदर्भ में प्रमुख पुरस्कार दिए, चाहे वह नए देश ढूँढ़ना हो या कीमती जीवन बचाना।

> ***हमारे दोनों उदाहरणों में सामान्य तथ्य यह है कि जब तक प्रचलित सोच को अस्वीकार नहीं किया गया था, तब तक लोग मानते थे कि जो कुछ भी वे परंपरागत रूप से सोचते थे, वह सही था और इसलिए वे वांछित परिणाम प्राप्त नहीं करते थे।***

आइए, अब समझते हैं कि हम एक विशेष तरीके से क्यों सोचते हैं और यह मानते रहते हैं कि हमारा दृष्टिकोण सही है? हम अपनी सोच को बदलना क्यों नहीं चाहते हैं, कभी-कभी यह जानने के बाद भी कि इसे बदलना ज्यादा लाभप्रद हो सकता है? इस खंड में हम सबसे सामान्य कारणों के बारे में बात करेंगे कि हम उस तरह से क्यों सोचते हैं, जैसे हम सोचते हैं?

संज्ञानात्मक पूर्वग्रह

हमारे पास एक विशेष तरीके से सोचने के लिए कई पूर्वग्रह हैं। इस संज्ञानात्मक पूर्वग्रह को सभी पूर्वग्रहों की जननी के रूप में जाना जाता

है। संज्ञानात्मक पूर्वग्रह का मतलब है कि हमें जो सही लगता है, उसे सही ठहराने की हमारी बहुत मजबूत प्रवृत्ति होती है। वास्तव में, हम जिसे सत्य के रूप में मानते हैं, उसे उचित ठहराने के लिए हमेशा सबूतों की तलाश में रहते हैं। कुछ नया सीखने के बजाय हम अपनी बात को सही साबित करने के लिए तत्परता की भावना के साथ सुनते हैं। यही कारण है कि वॉरेन बफे ने एक बार समझदारी से कहा था—“मनुष्य जो काम सबसे अच्छा करता है, वह सभी नई जानकारियों की व्याख्या करना है, ताकि उनके पूर्व निष्कर्ष बरकरार रहें।”

कुछ नया सीखने के बजाय हम अपनी बात को सही साबित करने के लिए तत्परता की भावना के साथ सुनते हैं। यही कारण है कि वॉरेन बफे ने एक बार समझदारी से कहा था—“मनुष्य जो काम सबसे अच्छा करता है, वह सभी नई जानकारियों की व्याख्या करना है, ताकि उनके पूर्व निष्कर्ष बरकरार रहें।”

दुनिया के जाने-माने संशयवादियों और आलोचनात्मक चिंतकों में से एक, ‘द बिलीविंग ब्रेन’ के लेखक माइकल शेरमर ने कारण बताया है कि हम अपनी मान्यताओं की रक्षा के लिए इतने सतर्क क्यों रहते हैं? वे कहते हैं—

“हम परिवार, दोस्तों, सहकर्मियों, संस्कृति और समाज द्वारा समग्र रूप से बनाए गए वातावरण के संदर्भ में विभिन्न प्रकार के व्यक्तिपरक, व्यक्तिगत, भावनात्मक और मनोवैज्ञानिक कारणों के लिए अपनी मान्यताएँ बनाते हैं; अपनी मान्यताओं को बनाने के बाद हम फिर उनका बचाव करते हैं, उन्हें उचित ठहराते हैं और उन्हें अनेक बौद्धिक कारणों, ठोस तर्कों और तर्कसंगत व्याख्याओं से सिद्ध करते हैं। मान्यताएँ पहले आती हैं, मान्यताओं के लिए स्पष्टीकरण उनके पीछे आते हैं।”

लोगों के दो समूहों के साथ एक मनोवैज्ञानिक अध्ययन किया गया—एक अपराध के लिए मौत की सजा के पक्ष में और दूसरा उसके विरुद्ध। दोनों समूहों को अपराध के लिए मौत की सजा की प्रभावशीलता पर दो विस्तृत शोध-पत्र प्रदान किए गए। एक रिपोर्ट ने स्थापित किया कि मृत्युदंड प्रभावी है, जबकि दूसरे ने निष्कर्ष निकाला कि प्रभावी नहीं है।

प्रयोग के परिणामों से पता चला कि मृत्युदंड के बारे में विस्तृत वैज्ञानिक अनुसंधान और तर्क और प्रतिवाद के बारे में पता होने के बावजूद, प्रत्येक समूह अपनी स्थिति की वैधता के बारे में अधिक आश्वस्त हो गया। लोगों ने केवल उन सूचनाओं को स्वीकार किया, जो उनकी पूर्व निर्धारित धारणाओं का समर्थन करती थीं और परस्पर विरोधी सूचनाओं को खारिज या उपेक्षित कर दिया।

लोगों के दो समूहों के साथ एक मनोवैज्ञानिक अध्ययन किया गया—एक अपराध के लिए मौत की सजा के पक्ष में और दूसरा उसके विरुद्ध। दोनों समूहों को अपराध के लिए मौत की सजा की प्रभावशीलता पर दो विस्तृत शोध-पत्र प्रदान किए गए।

ऐसा क्यों होता है?

हमारी अवचेतन रूप से यह तय कर लेने की प्रवृत्ति होती है कि हम क्या करना चाहते हैं, यह विचार करने से भी पहले कि हम वह क्यों करना चाहते हैं? हम स्वाभाविक रूप से अपने आप को उन चीजों में संलग्न करने के इच्छुक होते हैं, जो हमें पसंद होती हैं, बजाय उनके, जो हमें पसंद नहीं होतीं। इस प्रकार, हमें जो पसंद होता है, उसके लिए हम तर्क ढूँढ़ लेते हैं और उस जानकारी को सीधे अस्वीकार कर देते हैं, जो इन पसंदों का समर्थन नहीं करती हैं। चिप हीथ, पुस्तक 'डिसाइसिव' के लेखक, उपयुक्त रूप से कहते हैं—

"जब लोगों के पास दुनिया से जानकारी एकत्र करने का अवसर होता है तो वे उन जानकारियों का चयन करने की अधिक संभावना रखते हैं, जो उनके पहले से मौजूद दृष्टिकोणों, मान्यताओं और कार्यों का समर्थन करती हैं।"

हम अकसर तर्कहीन (भावनात्मक) निर्णय लेते हैं

यद्यपि हम अन्यथा विश्वास करते हैं, लेकिन हम तर्क या कारण द्वारा निर्देशित निर्णयों की तुलना में अपनी भावनाओं से प्रभावित निर्णय अधिक लेते हैं।

> ***नोबेल पुरस्कार विजेता और प्रसिद्ध मनोवैज्ञानिक डैनियल काहनेमैन ने अपनी पुस्तक 'थिंकिंग, फास्ट एंड स्लो' में बताया है कि हमारे मन में दो अलग-अलग प्रणालियाँ संचालित होती हैं, जो हमारी सोच और निर्णय को नियंत्रित करती हैं।***

नोबेल पुरस्कार विजेता और प्रसिद्ध मनोवैज्ञानिक डैनियल काहनेमैन ने अपनी पुस्तक 'थिंकिंग, फास्ट एंड स्लो' में बताया है कि हमारे मन में दो अलग-अलग प्रणालियाँ संचालित होती हैं, जो हमारी सोच और निर्णय को नियंत्रित करती हैं। हर बार जब आपको कोई समस्या हल करनी होती है या कोई निर्णय लेना होता है तो इन दोनों प्रणालियों के बीच एक परस्पर क्रिया चल रही होती है, एक नाटक में दो पात्रों की तरह। मन के ये दो चरित्र हैं—(1) आवेगी, स्वचालित और सहज प्रणाली 1; और (2) विचारशील, सुचिंतित और गणनात्मक प्रणाली 2।

प्रणाली 1 सहज रूप से और अचानक संचालित होती है; यह मन के किसी जागरूक नियंत्रण की माँग नहीं करती। उदाहरण के लिए,

यदि आप एक तेज शोर सुनते हैं तो आप अचानक उछल पड़ेंगे और तुरंत आपका पूरा ध्यान उस स्थान पर चला जाएगा, जहाँ से शोर की आवाज आई थी। प्रणाली 1 हमारे मस्तिष्क की विकास प्रक्रिया का हिस्सा है; यह आदिम युग में जीवित रहने के लिए आवश्यक था, जहाँ हमारे वातावरण में कोई भी ध्वनि या अचानक प्रतिक्रिया जीवन या मृत्यु का विषय हो सकती थी। किसी भी मामूली आवाज, जैसेकि पेड़ की पत्तियों की सरसराहट का मतलब हो सकता था कि एक भूखा जंगली जानवर भोजन की तलाश में हमारे ऊपर हमला करेगा। हालाँकि, वह ध्वनि हवा की भी हो सकती थी, लेकिन इसे आसानी से स्वीकार करना बहुत जोखिम भरा होता, इसलिए प्रणाली 1 हमें गंभीर परिस्थितियों में जीवित रहने में मदद करती थी।

दूसरी ओर, प्रणाली 2 कार्यकारी निर्णय लेने और तर्कसंगत तथा तार्किक रूप से किसी विषय पर सोचने के लिए जिम्मेदार है। प्रणाली 2 हमारे मन की सभी सचेत गतिविधियों से संबंधित है, जिनमें ध्यान देना, वृत्ति को नियंत्रित करना और हाथ के महत्त्वपूर्ण काम पर ध्यान केंद्रित करना शामिल है, अर्थात् वे सभी गतिविधियाँ, जिन पर विचारपूर्वक ध्यान केंद्रित करना आवश्यक है।

प्रणाली 2 कार्यकारी निर्णय लेने और तर्कसंगत तथा तार्किक रूप से किसी विषय पर सोचने के लिए जिम्मेदार है। प्रणाली 2 हमारे मन की सभी सचेत गतिविधियों से संबंधित है, जिनमें ध्यान देना, वृत्ति को नियंत्रित करना और हाथ के महत्त्वपूर्ण काम पर ध्यान केंद्रित करना शामिल है, अर्थात् वे सभी गतिविधियाँ, जिन पर विचारपूर्वक ध्यान केंद्रित करना आवश्यक है।

उदाहरण के लिए, यदि आप अपने जीवनसाथी, किसी मित्र या प्रबंधक के साथ अचानक बहस में पड़ जाते हैं तो आपकी त्वरित प्रतिक्रिया प्रणाली 1 से आएगी। आप अपनी स्मृति में दर्ज एक भावनात्मक पैटर्न के आधार पर कि आपने अतीत में उस दूसरे व्यक्ति के व्यवहार की व्याख्या कैसे की थी, तुरंत प्रतिक्रिया देंगे। आपकी प्रणाली 1 किसी भी स्थिति पर प्रतिक्रिया करने में फुरतीली होती है और वह आपको पिछले अनुभव के आधार पर आपके मन में पूर्व-क्रमित प्रतिक्रियाओं के एक सेट की आपूर्ति करेगी। इस प्रकार, आप दूसरे व्यक्ति से नाराज या रक्षात्मक हो सकते हैं। हालाँकि, यदि आप अपनी प्रणाली 2 सोच को लागू करते हैं तो हो सकता है कि दूसरे व्यक्ति द्वारा एक वास्तविक चिंता उठाई गई हो, जिसे संबोधित किए जाने की आवश्यकता है।

> ***यदि आप अपने जीवनसाथी, किसी मित्र या प्रबंधक के साथ अचानक बहस में पड़ जाते हैं तो आपकी त्वरित प्रतिक्रिया प्रणाली 1 से आएगी। आप अपनी स्मृति में दर्ज एक भावनात्मक पैटर्न के आधार पर कि आपने अतीत में उस दूसरे व्यक्ति के व्यवहार की व्याख्या कैसे की थी, तुरंत प्रतिक्रिया देंगे।***

लेकिन अधिकांश स्थितियों में प्रणाली 1 अकसर प्रणाली 2 पर हावी क्यों होती है? ऐसा इसलिए है, क्योंकि प्रणाली 1 स्वचालित रूप से चलती है और प्रणाली 2 पृष्ठभूमि में एक आरामदायक निम्न-प्रयास मोड में होती है। इसके अलावा, एक न्यूनतम प्रयास का कानून है, जो हमारे सहज मानसिक आलस्य को प्रकट करता है। हमारे मस्तिष्क प्रत्येक कार्य के लिए ऊर्जा की न्यूनतम संभव मात्रा का उपयोग करते हैं। लेकिन प्रणाली 2 को एक स्थिति का संदर्भ देने के लिए, जिसका परिणाम विचारपूर्वक और सचेत सोच के रूप में मिलता है, ऊर्जा की

खपत की आवश्यकता होती है। इसके विपरीत, प्रणाली 1 मस्तिष्क की ऊर्जा की सुरक्षा के लिए उस कदम से बचना चाहती है।

वास्तव में प्रणाली 1 के प्रभाव में बहुत अधिक बार व्यवहार करना हमारे मस्तिष्क का इष्टतम उपयोग नहीं है; बल्कि इस मानसिक आलस्य से निर्देशित होना दुर्भाग्यपूर्ण है। अध्ययन बताते हैं कि प्रणाली 2 कार्यों का अभ्यास ध्यान और आत्म-नियंत्रण को बढ़ाएगा और उच्च बुद्धि स्कोर तक ले जाएगा। आलसी होने और प्रणाली 2 की बुद्धिमत्ता से बचने से हमारे मस्तिष्क हमारी बुद्धि की ताकत को सीमित कर रहे हैं।

वास्तव में प्रणाली 1 के प्रभाव में बहुत अधिक बार व्यवहार करना हमारे मस्तिष्क का इष्टतम उपयोग नहीं है; बल्कि इस मानसिक आलस्य से निर्देशित होना दुर्भाग्यपूर्ण है। अध्ययन बताते हैं कि प्रणाली 2 कार्यों का अभ्यास ध्यान और आत्म-नियंत्रण को बढ़ाएगा और उच्च बुद्धि स्कोर तक ले जाएगा।

इसलिए मन की तात्कालिक प्रतिक्रियाओं के आधार पर हमेशा आवेगपूर्ण निर्णय लेने के बजाय आपको कुछ मौकों पर धीमे होने और स्थिति का सही आकलन करने के लिए अपने विश्लेषणात्मक स्वयं का उपयोग करने की आवश्यकता है। इस तरह, आप भावना-निर्देशित आवेगी निर्णयों से बच सकते हैं और बेहतर तथा अधिक तर्कसंगत निर्णय ले सकते हैं।

शून्य से गुणा करना

हर कोई समझता है कि अगर हम किसी संख्या को शून्य से गुणा करते हैं, चाहे वह कितनी ही बड़ी हो, वह अंत में शून्य हो जाएगी।

क्या आप इस जटिल गणितीय समीकरण का उत्तर पा सकते हैं?

2,987,456 × 3,987 × 34 × 0 = ?

बेशक आप संख्याओं को देखना शुरू कर देंगे, लेकिन जिस क्षण आप गुणा समस्या में एक शून्य देखते हैं, आपके चेहरे पर एक मुसकान आ जाती है। अब आप जानते हैं कि आपको इस समस्या को हल करने की आवश्यकता नहीं है, क्योंकि आप जिस भी संख्या को शून्य से गुणा करेंगे, चाहे संख्या जितनी भी बड़ी हो, वह शून्य हो जाएगी।

बेशक आप संख्याओं को देखना शुरू कर देंगे, लेकिन जिस क्षण आप गुणा समस्या में एक शून्य देखते हैं, आपके चेहरे पर एक मुसकान आ जाती है। अब आप जानते हैं कि आपको इस समस्या को हल करने की आवश्यकता नहीं है, क्योंकि आप जिस भी संख्या को शून्य से गुणा करेंगे, चाहे संख्या जितनी भी बड़ी हो, वह शून्य हो जाएगी।

हम इसे गणित के संदर्भ में समझते हैं, लेकिन यह सिद्धांत हमारे दैनिक जीवन पर बहुत अधिक लागू होता है; फिर भी हम इसे समझ नहीं पाते हैं और परिणाम के रूप में बहुत कष्ट सहते हैं। आइए, इसे एक उदाहरण के रूप में समझते हैं। मान लीजिए कि आप सर्वश्रेष्ठ बास्केटबॉल खिलाड़ी बनने और सर्वश्रेष्ठ टीमों के लिए खेलने की कोशिश कर रहे हैं। आपके पक्ष में निम्नलिखित लाभ भी हैं—

1. 6 फीट 8 इंच की ऊँचाई।
2. आप एक ऐसे शहर में जनमे और पले-बढ़े हैं, जिसके पास दुनिया के सर्वश्रेष्ठ प्रतिस्पर्धी खिलाड़ी हैं।

3. आपने पहले ही अपने शहर में एक बहुत प्रतिस्पर्धात्मक खेल में बास्केटबॉल प्रतियोगिताओं में सबसे कठिन मुकाबलों में जीत हासिल की है।

4. आपको दुनिया की सर्वश्रेष्ठ टीमों में से एक में खेलने के लिए चुना गया है, अर्थात् बोस्टन सेल्टिक्स।

यह सब कैसा लगता है ? क्या ऐसा नहीं लगता है कि आप खेल में आ चुके हैं और आपको दुनिया का सर्वश्रेष्ठ खिलाड़ी बनने से कोई नहीं रोक सकता ? लेकिन एक पल के लिए रुक जाइए ! उपरोक्त सभी के साथ एक और बात जुड़ी हुई है। आप कोकीन के बुरी तरह से आदी हैं।

> *यह सब कैसा लगता है ? क्या ऐसा नहीं लगता है कि आप खेल में आ चुके हैं और आपको दुनिया का सर्वश्रेष्ठ खिलाड़ी बनने से कोई नहीं रोक सकता ? लेकिन एक पल के लिए रुक जाइए! उपरोक्त सभी के साथ एक और बात जुड़ी हुई है। आप कोकीन के बुरी तरह से आदी हैं।*

अब उपरोक्त सभी तथ्यात्मक

अब उपरोक्त सभी तथ्यात्मक जानकारी को देखते हुए अपनी स्थिति का पुनर्मूल्यांकन करें। आपको क्या लगता है कि वास्तव में दुनिया में सर्वश्रेष्ठ खिलाड़ी बनने की आपकी संभावनाएँ क्या हैं ? वास्तव में, उपरोक्त परिदृश्य केवल एक काल्पनिक उदाहरण नहीं है; बल्कि यह एक वास्तविक जीवन की कहानी है, लियोनार्ड 'लेन' बियास, एक युवा बास्केटबॉल कौतुक की, जिसकी एक प्रमुख अमेरिकी बास्केटबॉल टीम बोस्टन सेल्टिक्स में खेलने के लिए चुने जाने के बाद कोकीन के ओवरडोज (अधिक मात्रा में लेने) से मृत्यु हो गई थी।

कोकीन की लत की कमजोर कड़ी ने एक अन्यथा अत्यंत

प्रतिभाशाली जीवन के सभी सकारात्मक लक्षणों को समाप्त कर दिया। दुर्भाग्य से, हम अपने जीवन को विभिन्न कारकों के 'जोड़' के खेल के रूप में देखते हैं, लेकिन कई स्थितियों में जीवन के लिए हमें 'गुणक' प्रणालियों में सोचना पड़ता है।

जीवन की हर स्थिति डिनर पार्टी के लिए नियोजित भोजन की तरह नहीं होती है, जहाँ टेबल पर परोसे जानेवाले विभिन्न प्रकार के व्यंजन अतिरिक्त प्रणाली के सिद्धांतों पर काम करते हैं। यदि कोई पकवान अच्छा नहीं बनता है या तैयारी के दौरान खराब हो जाता है तो यह आपकी पार्टी को बरबाद नहीं करता है; आपके मेहमान अभी भी अन्य सभी व्यंजनों के साथ एक स्वादिष्ट भोजन कर सकते हैं।

> ***लेकिन अब एक कॉरपोरेट या व्यावसायिक जीवन की स्थिति का उदाहरण लीजिए। यह मानते हुए कि आप किसी कौशल में बहुत प्रतिभाशाली व्यक्ति हैं, चतुर हैं, अच्छी योग्यता रखते हैं और साथ ही अपने क्षेत्र में उत्कृष्टता प्राप्त करने के लिए प्रासंगिक अनुभव भी रखते हैं।***

लेकिन अब एक कॉरपोरेट या व्यावसायिक जीवन की स्थिति का उदाहरण लीजिए। यह मानते हुए कि आप किसी कौशल में बहुत प्रतिभाशाली व्यक्ति हैं, चतुर हैं, अच्छी योग्यता रखते हैं और साथ ही अपने क्षेत्र में उत्कृष्टता प्राप्त करने के लिए प्रासंगिक अनुभव भी रखते हैं। लेकिन अब इस समीकरण में एक और बात जोड़ें—आपकी कार्यालय में अन्य सहयोगियों के साथ नहीं बनती या आप व्यक्ति-प्रबंधन में विफल रहते हैं। क्या होगा ? आसान है, व्यक्ति प्रबंधन के कौशल के बिना, एक कठिन कॉरपोरेट वातावरण में बने रहना बहुत मुश्किल है।

जब ऐसी परिस्थितियों से निपटने की बात आती है, जहाँ बहुत सी चीजें एक-दूसरे पर निर्भर होती हैं और जहाँ एक तत्त्व द्वारा निभाई गई भूमिका अगली प्रक्रिया को रोक देती है या गति देती है, तो यह एक गुणक प्रणाली है। आप सिस्टम में एक भी कमजोर कड़ी नहीं रख सकते हैं, वरना आपके सभी अच्छे प्रयास आपको उस एक नकारात्मक कारक के कारण प्रभावित करेंगे।

आप किसी भी संगठन में 'एंटरप्राइज रिसोर्सेस प्लानिंग' (ई.आर.पी.) सिस्टम नहीं चला सकते, जब तक कि उसके सभी हिस्से तालमेल से काम नहीं करते हैं। किसी भी संगठन में ई.आर.पी. को कच्चे माल की खरीद से लेकर इन्वेंट्री प्रबंधन तक, उत्पादन से लेकर इनवॉयस जारी करनेवाले आउटपुट प्रोडक्ट्स की अंतिम डिलीवरी और कई अन्य परस्पर क्रियाकलापों को ध्यान में रखना होता है। यदि उचित इन्वेंट्री रिकॉर्डिंग में कोई समस्या है तो यह आपके चालान को प्रभावित करेगी और अंतत: ग्राहकों को कोई भी बिक्री या वितरण रोक देगी।

जब ऐसी परिस्थितियों से निपटने की बात आती है, जहाँ बहुत सी चीजें एक-दूसरे पर निर्भर होती हैं और जहाँ एक तत्त्व द्वारा निभाई गई भूमिका अगली प्रक्रिया को रोक देती है या गति देती है, तो यह एक गुणक प्रणाली है।

हम गणितीय संख्याओं को स्पष्ट रूप से देख सकते हैं और निर्धारित कर सकते हैं कि शून्य कहाँ है? हम आगे समझते हैं कि शून्य को जोड़ना या घटाना आँकड़े को बिल्कुल नुकसान नहीं पहुँचाता, लेकिन किसी भी संख्या को शून्य से गुणा करना, वह जो भी है, उस संख्या को शून्य बना देगा।

हालाँकि जीवन में, जबकि हम समझते हैं कि कौन सी विशेषता

या पहलू शून्य है, हम अकसर यह निर्धारित करने में विफल रहते हैं कि समस्या एक 'जोड़' करनेवाली है या 'गुणा' करनेवाली है। और समस्या के प्रकार के बारे में यह गैर-निर्णय कभी-कभी अपने आप में सबसे बड़ी समस्या होता है। आप जोड़ के संदर्भ में सोच के प्रतिमान के साथ गुणावाली समस्या को हल नहीं कर सकते।

हानि निवारण

मनोवैज्ञानिकों ने ऐसे अध्ययन किए हैं, जो बताते हैं कि लोग उच्च लाभ की संभावना होने पर भी जोखिम लेने के बजाय नुकसान की संभावना से पूरी तरह बचना पसंद करते हैं। वास्तव में, अधिकांश लोगों के लिए हारने का दर्द जीतने की खुशी से दोगुना तीव्र होता है।

संज्ञानात्मक मनोविज्ञान और निर्णय सिद्धांत के क्षेत्र में हानि निवारण की अवधारणा का अर्थ है कि लोग कुछ लाभ प्राप्त करने की तुलना में नुकसान से बचने के बारे में अधिक चिंतित होते हैं।

मनोवैज्ञानिकों ने ऐसे अध्ययन किए हैं, जो बताते हैं कि लोग उच्च लाभ की संभावना होने पर भी जोखिम लेने के बजाय नुकसान की संभावना से पूरी तरह बचना पसंद करते हैं। वास्तव में, अधिकांश लोगों के लिए हारने का दर्द जीतने की खुशी से दोगुना तीव्र होता है।

हम सोच सकते हैं कि हमारे निर्णय तर्कसंगत, स्पष्ट और ईमानदार हैं, लेकिन यह एक भ्रम है—हम अकसर निर्णय लेते समय कम तार्किक मार्गों को चुनते हैं।

उदाहरण के लिए, यदि आपको 100 डॉलर प्राप्त करने या 100 डॉलर खोने से बचने के बीच फैसला करना हो तो आप अपने पास

पहले से मौजूद धन को खोने से बचना चाहेंगे। तर्कसंगत सोच के अनुसार, 100 डॉलर की जीत पर आपकी खुशी की तीव्रता 100 डॉलर के नुकसान के लिए आपके दु:ख के बराबर होनी चाहिए। लेकिन यह सच्चाई नहीं है। हानि निवारण संज्ञानात्मक पूर्वग्रह किसी भी लाभ की भावना की तुलना में नुकसान की भावना को गहरा और अधिक तीव्र बना देता है।

आइए, दूसरे उदाहरण को बदलते हैं। मान लीजिए कि आपको एक विकल्प चुनने के लिए कहा जाता है—आप 120 डॉलर (उच्च संभावना के साथ) जीत सकते हैं, लेकिन आप 100 डॉलर खो भी सकते हैं। यहाँ भी अधिकांश लोग जोखिम नहीं उठाना चाहेंगे, क्योंकि पुरस्कार उतना अधिक नहीं है कि 100 डॉलर के नुकसान से उत्पन्न होनेवाले दर्द की भरपाई कर सके।

अब इस प्रस्ताव को थोड़ा और आकर्षक बनाते हैं। क्या होगा, यदि आपसे कहा जाए कि आप 200 डॉलर जीत सकते हैं और नकारात्मक पक्ष यह है कि आप केवल 100 डॉलर खो सकते हैं?

अब इस प्रस्ताव को थोड़ा और आकर्षक बनाते हैं। क्या होगा, यदि आपसे कहा जाए कि आप 200 डॉलर जीत सकते हैं और नकारात्मक पक्ष यह है कि आप केवल 100 डॉलर खो सकते हैं? अब इस बात की संभावना है कि कुछ लोग प्रतियोगिता खेलना चाहेंगे, क्योंकि पुरस्कार नुकसान की मात्रा से दोगुना हो सकता है, इसलिए एक बार जब वे लाभ के पर्याप्त रूप से उच्च होने के बारे में आश्वस्त हो जाएँगे, तभी वे कुछ खोने का जोखिम उठाना चाहेंगे।

एक और वास्तविक जीवन का उदाहरण लें। मार्केटिंग (विपणन) वाले लोग संभावित खरीदारों के दिमाग में नुकसान की भावना पैदा

करने के लिए ग्राहकों के हानि निवारण संज्ञानात्मक पूर्वग्रह का उपयोग करते हैं, ताकि वे अपने उत्पादों की अधिक बिक्री कर सकें। उन्हें पता है कि अगर वे आपको एक सीमित समय अवधि के भीतर खरीदने के साथ जुड़े हुए बड़े लाभ के बारे में आश्वस्त कर सकते हैं, केवल तभी आप एक निर्णय लेने और अपने पैसों से अलग होने के लिए तैयार होंगे; क्योंकि अब आप समझ रहे हैं कि किसी निश्चित समय–सीमा के भीतर कुछ खरीदने के लिए काररवाई नहीं करने से आप अपनी खरीद के साथ आनेवाले सभी बोनस आइटम या बड़े लाभ खो देंगे। हम नियमित रूप से ऑनलाइन रिटेलर्स द्वारा भारी छूट के साथ त्योहार या सप्ताहांत जैसे ऑफर देखते हैं, जोकि सीमित 3–4 दिन की खरीदारी की खिड़की के दौरान कुछ न खरीदने पर एक खोने की भावना पैदा करते हैं। उपभोक्ताओं का यह हानि निवारण संज्ञानात्मक पूर्वग्रह विक्रेताओं को उनके दिमाग में संभावित नुकसान की भावना पैदा करके, अपने और अधिक उत्पाद बेचने में मदद करता है।

> ***हम नियमित रूप से ऑनलाइन रिटेलर्स द्वारा भारी छूट के साथ त्योहार या सप्ताहांत जैसे ऑफर देखते हैं, जोकि सीमित 3–4 दिन की खरीदारी की खिड़की के दौरान कुछ न खरीदने पर एक खोने की भावना पैदा करते हैं।***

एंकरिंग

एंकरिंग प्रभाव एक अन्य संज्ञानात्मक पूर्वग्रह है, जहाँ आप सूचना के पहले टुकड़े से प्रभावित हो जाते हैं और उस पर बहुत अधिक भरोसा कर लेते हैं। इस पहले टुकड़े के बाद, यदि आपको कुछ और प्रस्तुत किया जाता है तो आप पहले टुकड़े के मजबूत प्रभाव के तहत बाद की सभी जानकारी को तौलते हैं।

एक उदाहरण लीजिए। आप एक स्टोर में जाते हैं, जहाँ उन्होंने कुकीज के आपके पसंदीदा पैकेज पर प्रति ग्राहक अधिकतम 10 खरीद की सीमा निर्धारित की है और वे उसे 'सीमित स्टॉक' या 'स्टॉक रहने तक' जैसे शब्दों से चमका रहे हैं। अब हो सकता है कि आप केवल एक या दो पैक खो सकते थे, लेकिन प्रति ग्राहक 10 की यह सीमा आपको एक बड़ी संख्या के लिए एंकरिंग करने का काम करती है। इस मामले में आप अपनी वास्तविक आवश्यकता से अधिक कुकीज के पैकेट खरीद लेंगे।

टी.वी. इंफोमर्शियल का उदाहरण लें। आप यही युक्ति देखेंगे, जब वे आपके पसंदीदा इलेक्ट्रॉनिक गैजेट या घरेलू उपकरण की कीमत की घोषणा करना शुरू करेंगे—वे पहले $5000 के आँकड़े को उद्धृत करेंगे और फिर मौसमी छूट या प्रचार की चाल का उपयोग करते हुए आपको एक अलग प्रस्ताव देंगे।

टी.वी. इंफोमर्शियल का उदाहरण लें। आप यही युक्ति देखेंगे, जब वे आपके पसंदीदा इलेक्ट्रॉनिक गैजेट या घरेलू उपकरण की कीमत की घोषणा करना शुरू करेंगे—वे पहले $5000 के आँकड़े को उद्धृत करेंगे और फिर मौसमी छूट या प्रचार की चाल का उपयोग करते हुए आपको एक अलग प्रस्ताव देंगे। आपको वह ऑफर मिल सकता है, $5000 में नहीं, बल्कि निचले $999 में। यहाँ होता यह है कि पहले वे आपको उत्पाद के लाभों को समझाने और आपके दिमाग में $5000 का एंकर डालने की कोशिश करते हैं और जब वे इसे घटाकर $999 तक ले जाते हैं तो आपको ऐसा लगता है कि आपको बहुत अच्छा सौदा मिल रहा है।

विपणन और बिक्री की दुनिया में एंकरिंग प्रभाव का अकसर

उपयोग किया जाता है। उच्च मूल्य की प्रारंभिक एंकरिंग के कारण ग्राहक ने पहले ही उत्पाद का मूल्य $5000 मान लिया होता है और इसलिए $999 में उसे खरीदना सबसे अच्छा निर्णय प्रतीत होता है। इसके अलावा, चूँकि वे इसे हासिल करने के लिए प्रस्ताव को एक और छोटी समय-रेखा के साथ जोड़ते हैं, इसलिए वे अतिरिक्त रूप से एंकरिंग पूर्वग्रह के साथ हानि निवारण पूर्वग्रह को जोड़ देते हैं, जिससे आप उसे तुरंत खरीदने का निर्णय ले लेते हैं। बस, इसके बारे में सोचें और शायद आपको इस कुख्यात एंकरिंग प्रभाव से कुछ खरीदने की याद आ जाएगी।

> ***उपलब्धता की स्वत: शोध प्रणाली एक सामान्य गलती को संदर्भित करती है, जो हमारे मस्तिष्क यह मानकर करते हैं कि जो घटनाएँ या उदाहरण आसानी से दिमाग में आ जाते हैं, वे सबसे महत्त्वपूर्ण या प्रचलित भी होते हैं। यह दिखाती है कि हम घटनाओं की पुनरावृत्ति के आधार पर अपने निर्णय लेते हैं।***

हालाँकि, मान लीजिए कि उन्होंने आपको सीधे $999 में उत्पाद की पेशकश की थी। हो सकता है कि आपने इस कीमत पर प्रश्न उठाना शुरू कर दिया हो या आगे की छूट का इंतजार किया हो। शायद आपने इस प्रारंभिक मूल्य पर उत्पाद नहीं खरीदा होता।

उपलब्धता की स्वतः शोध प्रणाली

उपलब्धता की स्वत: शोध प्रणाली एक सामान्य गलती को संदर्भित करती है, जो हमारे मस्तिष्क यह मानकर करते हैं कि जो घटनाएँ या उदाहरण आसानी से दिमाग में आ जाते हैं, वे सबसे महत्त्वपूर्ण या प्रचलित भी होते हैं। यह दिखाती है कि हम घटनाओं की पुनरावृत्ति के आधार पर अपने निर्णय लेते हैं। हम अकसर हमारी यादों की सीमाओं

के कारण हाल ही में हुई घटनाओं की आवृत्ति और परिमाण का गलत आकलन करते हैं।

हार्वर्ड के प्रोफेसर मैक्स बाजरमैन के अनुसार, प्रदर्शन मूल्यांकन करनेवाले प्रबंधक अकसर उपलब्धता की स्वत: शोध प्रणाली के शिकार हो जाते हैं। घटनाओं की नवीनता प्रदर्शन मूल्यांकन के दौरान पर्यवेक्षक की राय को अत्यधिक प्रभावित करती है। प्रबंधक मूल्यांकन अवधि के पिछले नौ महीनों की तुलना में मूल्यांकन से पहले तीन महीनों के दौरान प्रदर्शन को अधिक वजन देते हैं, क्योंकि हाल के उदाहरण उनकी स्मृति पर हावी होते हैं।

हार्वर्ड के प्रोफेसर मैक्स बाजरमैन के अनुसार, प्रदर्शन मूल्यांकन करनेवाले प्रबंधक अकसर उपलब्धता की स्वत: शोध प्रणाली के शिकार हो जाते हैं। घटनाओं की नवीनता प्रदर्शन मूल्यांकन के दौरान पर्यवेक्षक की राय को अत्यधिक प्रभावित करती है।

उपलब्धता की स्वत: शोध प्रणाली किसी घटना की जानकारी को याद करने या पुन: प्राप्त करने से आसानी से प्रभावित होती है। याद करने की आसानी सुझाव देती है कि अगर आपकी स्मृति में कोई चीज अधिक आसानी से याद आ जाती है तो आपको लगता है कि उसके होने की एक उच्च संभावना है। कार्लसन, लोवेनस्टीन और एरेली (2008) के एक अध्ययन से पता चलता है कि लोगों के एक प्राकृतिक आपदा को अनुभव करने के तुरंत बाद खुद को सुरक्षित करने के लिए बीमा खरीदने की अधिक संभावना होती है, बजाय उस प्रकार की आपदा के घटने से पहले उसके लिए बीमा खरीदने की। उनके फैसले घटनाओं की नवीनता और जानकारी की पुनर्प्राप्ति से प्रभावित होते हैं।

यह दृष्टिकोण वास्तविक जोखिमों के बारे में हमारी समझ को विकृत करता है। हम अकसर हमारे सामने मौजूद सभी विकल्पों का उचित मूल्यांकन नहीं करते हैं और घटनाओं की नवीनता के कारण याद करने की आसानी या हमारे दिमागों में जानकारी की पुनर्प्राप्ति के कारण गुमराह होते हैं।

स्वयं को अनुभव करना बनाम स्वयं को याद करना

हमारे दिमाग अनुभवों को सीधे तौर पर याद नहीं रखते हैं, बल्कि हमारे पास दो स्मृतियाँ हैं—उन्हें स्वयं को अनुभव करनेवाली और स्वयं को याद रखनेवाली कहा जाता है, जैसाकि डैनियल काहनेमैन ने अपने शोध में बताया है।

हमारे दिमाग अनुभवों को सीधे तौर पर याद नहीं रखते हैं, बल्कि हमारे पास दो स्मृतियाँ हैं—उन्हें स्वयं को अनुभव करनेवाली और स्वयं को याद रखनेवाली कहा जाता है, जैसाकि डैनियल काहनेमैन ने अपने शोध में बताया है।

हम वास्तविक अनुभवों के आधार पर सोचने और निर्णय लेने का काम नहीं करते हैं, बल्कि हम उन्हें उन निर्णयों की यादों के आधार पर बनाते हैं। उदाहरण के लिए, एक शानदार रिजॉर्ट में पूरे दिन का आनंद एक बुरे दिन के रूप में याद किया जा सकता है, यदि अंत में, आप एक ओवर चार्ज किए गए बिल पर या शायद किसी के आपके ऊपर कॉफी गिरा देने के कारण रिजॉर्ट मैनेजर के साथ बहस में पड़ जाते हैं।

अनुभव करनेवाले स्वयं का संबंध हम वर्तमान पल में उस अनुभव के बारे में कैसा महसूस करते हैं, इसके बारे में पिछले रिकॉर्ड से होता है। यह प्रश्न पूछता है—'यह कैसा महसूस होता है?' दूसरी ओर, याद

रखनेवाला स्वयं इस तथ्य के बाद पूरे कार्यक्रम को रिकॉर्ड करने का काम करता है। यह प्रश्न पूछता है—'यह कुल मिलाकर कैसा था?'

अनुभव करनेवाला स्वयं उस पल में 'आप' है, जो घटना के दौरान रहता है। याद रखनेवाला स्वयं वह 'आप' है, जो इतिहास लिखता है। लेकिन यह याद रखनेवाला स्वयं है, जिससे भविष्य की योजना बनाते समय परामर्श लिया जाता है, न कि अनुभव करनेवाला स्वयं। इसलिए पूर्व में जो कुछ भी हुआ है, निर्णय याद रखनेवाले स्वयं के उसके निर्माण के आधार पर लिये जाते हैं।

अनुभव करनेवाला स्वयं उस पल में 'आप' है, जो घटना के दौरान रहता है। याद रखनेवाला स्वयं वह 'आप' है, जो इतिहास लिखता है। लेकिन यह याद रखनेवाला स्वयं है, जिससे भविष्य की योजना बनाते समय परामर्श लिया जाता है, न कि अनुभव करनेवाला स्वयं।

लेकिन वह अनुभव करनेवाला स्वयं है, जोकि जो हुआ, उसका अधिक सटीक विवरण देता है, क्योंकि एक अनुभव के दौरान हमारी भावनाएँ हमेशा सबसे सटीक होती हैं। याद करनेवाला स्वयं कम सटीक होता है, क्योंकि वह स्थिति के समाप्त होने के बाद यादों को दर्ज करता है। हालाँकि अनुभव करनेवाला स्वयं और याद करनेवाला स्वयं जो हुआ, उस पर सहमत नहीं होते और दुर्भाग्य से, वह याद रखनेवाला स्वयं है, जो हमारी यादों पर हावी होता है।

एक अध्ययन में विषयी का एक हाथ बर्फ के पानी में डूबा था, एक ऐसे तापमान पर जिससे मध्यम दर्द हो रहा था। उन्हें बताया गया कि उनके तीन परीक्षण होंगे। जब एक हाथ पानी में था तो दूसरा दर्द के स्तर को लगातार रिकॉर्ड करने के लिए एक कीबोर्ड का इस्तेमाल कर रहा था। पहला परीक्षण 60 सेकंड तक चला। दूसरा परीक्षण 90 सेकंड

तक चला; हालाँकि अंतिम 30 सेकंडों में पानी को धीरे-धीरे 1 डिग्री तक गरम कर दिया गया था (बेहतर, लेकिन फिर भी दर्दनाक)। तीसरे परीक्षण के लिए विषयी को यह अनुमति दी गई कि वे चुनें कि पहले दो परीक्षणों में से कौन सा कम असहनीय था और उसको दोहराएँ।

उन्होंने जो पाया, वह यह था—80 प्रतिशत विषयी ने, जिन्होंने दूसरे परीक्षण के अंतिम 30 सेकंड में अपने दर्द में कुछ कमी का अनुभव किया, 90 सेकंड के अनुभव को दोहराने का चुनाव किया! दूसरे शब्दों में, उनके याद रखनेवाले स्वयं ने दूसरा विकल्प चुना, जिसमें 30 सेकंड का अतिरिक्त दर्द आवश्यक था।

इस प्रयोग से जो निष्कर्ष निकलता है, वह यह है कि किसी प्रयोग की अवधि मायने नहीं रखती है। वह केवल चरम (सर्वोत्तम या सबसे खराब) क्षण और उस अनुभव का अंत होता है, जो हमारी यादों में अंकित हो जाता है और जो भविष्य की सोच और निर्णय लेने का आधार बनता है।

***

इस खंड में हमने सबसे सामान्य सोच त्रुटियों को कवर किया है, जो खराब विकल्प पैदा कर सकती हैं। बस, इन सोच त्रुटियों के बारे में जागरूक होने से आपको आपके सोच पैटर्न और इस प्रकार आपके व्यवहार को बदलने में मदद मिलेगी। इस पुस्तक के बाद के अध्यायों में आप इतिहास के महान् विचारकों द्वारा उपयोग की जानेवाली सर्वोत्तम रणनीतियों को सीखेंगे और यह कि कैसे आप भी इन रणनीतियों को अपने दिन-प्रतिदिन के जीवन में लागू कर सकते हैं। चलिए, अगले भाग पर चलते हैं।

□

अध्याय–4

प्रभावी सोच तकनीक सफल लोग उपयोग करते हैं

"संपूर्ण विज्ञान रोजमर्रा की सोच के परिशोधन से अधिक कुछ नहीं है।"

—अल्बर्ट आइंस्टीन

अलग तरह से सोचना आपका धूप का चश्मा बदलने के अलावा और कुछ नहीं है। इसका मतलब है कि अगर आपने गहरे भूरे रंग के शेड्स पहन रखे हैं तो आप एक गरम, धूप से चकाचौंध दिन को भी एक सुखद दिन के रूप में देखेंगे। हालाँकि, यदि आप अपने चश्मे को एक दूसरी जोड़ी से बदलते हैं तो आप बाहरी दुनिया को अलग तरह से देखेंगे। सोच आपके मस्तिष्क में लोहे में जड़ी कोई चीज नहीं है, जो बदली नहीं जा सकती। यह सोच के बारे में हमारी मान्यता है, जो उसे इतना कठोर बना देती है कि प्रतीत होता है, हम आंतरिक रूप से एक विशेष तरीके से संरचित हैं।

आपकी सोच को बदलने के लिए पूर्व–आवश्यकता आपकी समझ को गहरा करना है कि यह आपके मस्तिष्क में कोई शारीरिक घुसपैठ या

चीरा नहीं है, न ही 'अलग तरह से सोचनेवाले' अंग का प्रत्यारोपण—यह बस आपके धूप के चश्मे को बदलने की तरह है, जो एक बेहतर विश्व दृष्टिकोण देता है।'

आपको अहसास होगा कि वह दुनिया नहीं है, जो बदल जाती है; बल्कि विभिन्न चीजों के बारे में हमारी व्यक्तिगत विश्वदृष्टि है, जो बदलती है। वह हमारा दृष्टिकोण और परिप्रेक्ष्य है, जो बदलता है, जब हम विभिन्न लेंसों के माध्यम से चीजों को देखना शुरू करते हैं। दुनिया वैसी नहीं है, जैसी वह है; यह वैसी है, जैसी हम इसे देखते हैं। इसलिए, हर किसी के पास चीजों के बारे में एक अलग दृष्टिकोण और अलग परिप्रेक्ष्य होता है।

> ***आपको अहसास होगा कि वह दुनिया नहीं है, जो बदल जाती है; बल्कि विभिन्न चीजों के बारे में हमारी व्यक्तिगत विश्वदृष्टि है, जो बदलती है। वह हमारा दृष्टिकोण और परिप्रेक्ष्य है, जो बदलता है, जब हम विभिन्न लेंसों के माध्यम से चीजों को देखना शुरू करते हैं।***

इसलिए, बुद्धिमान सोच आपके धूप के चश्मे को या सोचने और दुनिया को देखने के आपके प्रतिमान को बदलने के बारे में है। यह हमारी विश्वदृष्टि को इस तरह से उन्नत करने के बारे में है कि हम चीजों को एक अलग और अधिक समग्र दृष्टिकोण के साथ देखें, जिससे हम अपनी समस्याओं का बेहतर समाधान पा सकें।

बुद्धिमानी से सोचने का सबसे अच्छा तरीका क्या है?

बुद्धिमानी से सोचने का सबसे अच्छा तरीका मानसिक मॉडल में सोचना है। वॉरेन बफे, बहु-अरबपति निवेशक और उनके अरबपति

साथी, चार्ली मुंगेर, एक प्रभावी सोच रणनीति के रूप में मानसिक मॉडल का उपयोग करने की दृढ़ता से वकालत करते हैं। उन्होंने अपने जीवनकाल में पर्याप्त रूप से अपना निवल मूल्य (नेट वर्थ) बढ़ाने के लिए बुद्धिमान तरीके से अरबों डॉलर के उच्च-दाँव निवेश निर्णय लेने के लिए मानसिक मॉडल सफलतापूर्वक लागू किए हैं।

आइए, समझते हैं कि मानसिक मॉडल क्या हैं और हम अपने दिन-प्रतिदिन के जीवन में उनका उपयोग कैसे कर सकते हैं? एक मानसिक मॉडल मानसिक रूप से एक बड़े, लेकिन सीमित मात्रा के मौलिक, अपरिवर्तित ज्ञान को मानसिक रूप से दाखिल करने का दृष्टिकोण है, उन उपकरणों को बनाने के लिए, जिनका उपयोग वास्तविक दुनिया में उत्पन्न हो रहे अद्वितीय परिदृश्यों की अनंत संख्या का मूल्यांकन करने में किया जा सकता है।

> ***मानसिक मॉडल क्या हैं और हम अपने दिन-प्रतिदिन के जीवन में उनका उपयोग कैसे कर सकते हैं? एक मानसिक मॉडल मानसिक रूप से एक बड़े, लेकिन सीमित मात्रा के मौलिक, अपरिवर्तित ज्ञान को मानसिक रूप से दाखिल करने का दृष्टिकोण है, उन उपकरणों को बनाने के लिए, जिनका उपयोग वास्तविक दुनिया में उत्पन्न हो रहे अद्वितीय परिदृश्यों की अनंत संख्या का मूल्यांकन करने में किया जा सकता है।***

1990 के दशक में एक प्रसिद्ध भाषण में चार्ली मुंगेर ने निम्नलिखित शब्दों में मानसिक मॉडल के माध्यम से व्यावहारिक ज्ञान प्राप्त करने के अपने दृष्टिकोण को समझाया—

"...पहला नियम यह है कि आप वास्तव में कुछ भी नहीं

जान सकते, यदि आप अलग-थलग तथ्यों को याद करते हैं और उन्हें वापस पटकने की कोशिश करते हैं। यदि तथ्य सिद्धांत की जाली पर एक साथ नहीं होते हैं तो वे आपके पास उपयोग करने योग्य रूप में नहीं रहते हैं।

आपके पास मॉडल आपके दिमाग में होने चाहिए और आपको अपने अनुभव प्रतिनिधिक और प्रत्यक्ष, दोनों मॉडलों की एक जाली पर तैयार करने हैं। आपने उन छात्रों पर ध्यान दिया होगा, जो सिर्फ याद करने और याद किए गए को वापस देने के तरीके का उपयोग करने की कोशिश करते हैं। वैल, वे स्कूल और जीवन में असफल रहते हैं। आपको अनुभवों को अपने दिमाग में मॉडलों की एक जाली पर लटका देना चाहिए।

> ***आपके पास मॉडल आपके दिमाग में होने चाहिए और आपको अपने अनुभव प्रतिनिधिक और प्रत्यक्ष, दोनों मॉडलों की एक जाली पर तैयार करने हैं। आपने उन छात्रों पर ध्यान दिया होगा, जो सिर्फ याद करने और याद किए गए को वापस देने के तरीके का उपयोग करने की कोशिश करते हैं।***

तो पहला नियम यह है कि आपके पास कई मॉडल होने चाहिए, क्योंकि यदि आपके पास बस, एक या दो हैं तो मानव मनोविज्ञान की प्रकृति ऐसी है कि आप वास्तविकता को फैलाएँगे, ताकि यह आपके मॉडलों पर फिट हो जाए, या कम-से-कम आपको लगेगा कि वह फिट होती है…"

मॉडलों को कई विषयों से आना चाहिए, क्योंकि दुनिया का समस्त ज्ञान एक छोटे से शैक्षणिक विभाग में नहीं मिल सकता। यही कारण है कि कविता के प्रोफेसर, कमोबेश, सांसारिक अर्थों

में इतने नासमझ होते हैं। उनके दिमागों में पर्याप्त मॉडल नहीं होते। इसलिए आपके पास कई प्रकार के विषयों के मॉडल होने चाहिए।

मानसिक मॉडल 'मन के लिए पार-प्रशिक्षण' की तरह कार्य करते हैं। बजाय अपने आप को स्कूल में पढ़े हुए छोटे, सीमित क्षेत्रों में कंपार्टमेंटलाइज करने के, हम दुनिया के बारे में ज्ञान के एक व्यापक रूप से उपयोगी सेट का अध्ययन करते हैं, जो जीवन के सभी आयामों में हमारी सेवा करेगा।

मानसिक मॉडल 'मन के लिए पार-प्रशिक्षण' की तरह कार्य करते हैं। बजाय अपने आप को स्कूल में पढ़े हुए छोटे, सीमित क्षेत्रों में कंपार्टमेंटलाइज करने के, हम दुनिया के बारे में ज्ञान के एक व्यापक रूप से उपयोगी सेट का अध्ययन करते हैं, जो जीवन के सभी आयामों में हमारी सेवा करेगा।

संक्षेप में, एक मानसिक मॉडल अधिक बुद्धिपूर्ण और रणनीतिक निर्णय लेने के लिए आपके संज्ञानात्मक तंत्र को बढ़ाने का एक तरीका है। जीवविज्ञानी रॉबर्ट सैपोल्सकी से यह दिलचस्प उदाहरण लें। वे पूछते हैं—"मुरगे ने सड़क क्यों पार की?" फिर वे विभिन्न विशेषज्ञों से जवाब माँगते हैं।

- यदि आप एक विकासवादी जीवविज्ञानी से पूछते हैं तो वे कह सकते हैं—"मुरगे ने सड़क पार इसलिए की, क्योंकि उसने दूसरी तरफ एक संभावित साथी को देखा था।"
- यदि आप एक किन्सियोलॉजिस्ट से पूछते हैं तो वे कह सकते हैं—"मुरगे ने सड़क पार की, क्योंकि उसके पैर की मांसपेशियों में संकुचन हुआ और उसने प्रत्येक कदम के दौरान पैर की

हड्डी को आगे बढ़ाया।"

- यदि आप एक न्यूरोसाइंटिस्ट से पूछते हैं तो वे कह सकते हैं—"मुरगे ने सड़क पार की, क्योंकि मुरगे के मस्तिष्क में न्यूरॉन्स फायर हुईं और उसने हरकत को शुरू किया।"

आप सहमत होंगे कि इनमें से कोई भी विशेषज्ञ गलत नहीं हैं। उनके पास उनके जीवन के अनुभवों और कौशलों के आधार पर चीजों को देखने का अपना दृष्टिकोण है। प्रत्येक व्यक्ति के पास वास्तविकता का अपना स्वयं का दृष्टिकोण है। लेकिन जीवन की चुनौतियों को एक क्षेत्र द्वारा पूरी तरह से समझा और संबोधित नहीं किया जा सकता। किसी ने ठीक ही कहा है—"यदि आप एक छोटे लड़के को हथौड़ा देते हैं तो वह पाएगा कि उसके सामने आनेवाली हर चीज को ठोके जाने की जरूरत है।"

आप सहमत होंगे कि इनमें से कोई भी विशेषज्ञ गलत नहीं हैं। उनके पास उनके जीवन के अनुभवों और कौशलों के आधार पर चीजों को देखने का अपना दृष्टिकोण है। प्रत्येक व्यक्ति के पास वास्तविकता का अपना स्वयं का दृष्टिकोण है।

सभी दृष्टिकोण कुछ सच्चाई रखते हैं। उनमें से किसी में भी पूर्ण सत्य नहीं होता है।

ऐसे बहुत सारे मानसिक मॉडल हैं, जो पिछले दशकों और सदियों में विकसित हुए हैं। जैसाकि आपने ध्यान दिया होगा, ये गणित, अर्थशास्त्र, दर्शन, जीव-विज्ञान, मानव मनोविज्ञान और पता नहीं कौन-कौन से विभिन्न क्षेत्रों से आते हैं।

सभी मानसिक मॉडलों को सीखना मानवीय रूप से संभव नहीं है

और वास्तव में सभी मॉडलों को सीखना भी आवश्यक नहीं है। यदि आप विभिन्न धाराओं से केवल कुछ मानसिक मॉडल सीख लेते हैं और नियमित रूप से अपने दैनिक जीवन में उनका उपयोग करना शुरू करते हैं तो आप समझदारी से सोचना शुरू कर देंगे।

यह खंड कुछ महत्त्वपूर्ण मानसिक मॉडलों के बारे में बात करेगा, जो आपको बाहरी दुनिया और चीजों को अलग तरह से देखने में मदद करेंगे। वे आपकी जीवन परिस्थितियों के बारे में आपका दृष्टिकोण बदलने के लिए सोचने के नए, बेहतर और अधिक समग्र तरीके से आपको लैस करेंगे।

यह खंड कुछ महत्त्वपूर्ण मानसिक मॉडलों के बारे में बात करेगा, जो आपको बाहरी दुनिया और चीजों को अलग तरह से देखने में मदद करेंगे। वे आपकी जीवन परिस्थितियों के बारे में आपका दृष्टिकोण बदलने के लिए सोचने के नए, बेहतर और अधिक समग्र तरीके से आपको लैस करेंगे।

आइए, सोचने से संबंधित कुछ महत्त्वपूर्ण मानसिक मॉडलों के बारे में बात करें—

विपरीत सोचना

हर कोई अपने चुने हुए जीवन में खुद के लिए सबसे अच्छा परिणाम चाहता है ?

- आप प्रभावशाली ग्रेड के साथ अपनी परीक्षाओं में सफल होना चाहते हैं।
- आप नए उत्पादों को लॉन्च करना चाहते हैं, जो बाजार में आते ही तुरंत सफल हो जाते हैं।
- आप अपनी नौकरी में अगले स्तर तक पदोन्नति प्राप्त करना चाहते हैं।

यह सब स्पष्ट लगता है, है ना? हालाँकि मान लीजिए कि कोई व्यक्ति आपसे यह कहता है कि आप जो चाहते हैं, उसे पाने के लिए उसके विपरीत सोचें? इसका मतलब है, खुद से कहना कि आप अपनी परीक्षा में असफल हो जाएँ, अपनी नौकरी में पदावनत हो जाएँ, या ऐसे उत्पाद बेचें, जो लॉञ्च के दिन ही विफल हो जाएँ!

यह सब स्पष्ट लगता है, है ना? हालाँकि मान लीजिए कि कोई व्यक्ति आपसे यह कहता है कि आप जो चाहते हैं, उसे पाने के लिए उसके विपरीत सोचें? इसका मतलब है, खुद से कहना कि आप अपनी परीक्षा में असफल हो जाएँ, अपनी नौकरी में पदावनत हो जाएँ, या ऐसे उत्पाद बेचें, जो लॉञ्च के दिन ही विफल हो जाएँ!

सहज बोध के बहुत विपरीत लगता है, नहीं? हाँ, लगता है। लेकिन एक तकनीक थी, जो प्रसिद्ध ग्रीक स्टॉइक्स द्वारा इस्तेमाल की जाती थी। उन्होंने सुझाव दिया था कि यदि आप वास्तव में कुछ चाहते हैं तो अपने आप से उसके विपरीत एक प्रश्न पूछें और फिर पता करें कि उस विपरीत परिणाम से कैसे बचा जा सकता है? इस तकनीक को 'विपरीत सोच' कहा जाता है।

इसे बेहतर समझने के लिए उपरोक्त उदाहरणों में से एक को लें। आइए, पूछें कि अपनी नौकरी से पदावनत कैसे हुआ जा सकता है या फिर निकाला कैसे जा सकता है? अब कुछ कारणों की सूची बनाएँ कि आपको क्यों निकाला जा सकता है—

- आप अपने सहयोगियों के साथ सहयोग नहीं करते या संबंध नहीं बनाते हैं।
- आप नौकरी के कौशल को बेहतर ढंग से नहीं सीखते हैं और

पहले सीखे हुए पुराने तरीकों का उपयोग करना चुनते हैं।

- आप उतना ही काम करते हैं, जितना करने के लिए आपको भुगतान किया जाता है और आवश्यक परिणाम देने में अतिरिक्त प्रयास डालने के लिए तैयार नहीं होते हैं।

आप परिस्थितियों के अपने सेट के आधार पर, अपनी नौकरी खोने के कई और कारणों को सूचीबद्ध कर सकते हैं। बेशक, मैं समझता हूँ कि आप अपनी नौकरी नहीं खोना चाहते; बल्कि आपका उद्देश्य तेजी से पदोन्नत होना है।

'विपरीत सोच तकनीक' जो सुझाव देती है, वह है—आपको उपरोक्त सभी कारणों से बचने की आवश्यकता है, जिनसे आपकी नौकरी जा सकती है। आमतौर पर हमारा ध्यान केवल अंतिम रेखा या फिनिशिंग लाइन पर बहुत अधिक केंद्रित होता है और हम कुछ गलतियों से बचने पर आवश्यक ध्यान नहीं देते हैं। जीवन में हमारा उद्देश्य जो भी हो, एक सकारात्मक इरादा लक्ष्य को प्राप्त करने के लिए आवश्यक है; लेकिन अगर आप रास्ते में आनेवाली छोटी-छोटी बातों पर या नुकसान पर ध्यान नहीं देते हैं तो आप अनावश्यक रूप से अपने संघर्षों को बढ़ा लेंगे, जिन्हें अन्यथा टाला जा सकता था।

'विपरीत सोच तकनीक' जो सुझाव देती है, वह है—आपको उपरोक्त सभी कारणों से बचने की आवश्यकता है, जिनसे आपकी नौकरी जा सकती है। आमतौर पर हमारा ध्यान केवल अंतिम रेखा या फिनिशिंग लाइन पर बहुत अधिक केंद्रित होता है और हम कुछ गलतियों से बचने पर आवश्यक ध्यान नहीं देते हैं।

चार्ली मुंगेर लोगों से पूछते हैं—"आप किन चीजों से बचना चाहते

हैं?" और फिर सलाह देते हैं कि सफलता को अनावश्यक महत्त्व दिया जाता है; विफलता से बचना ज्यादा मायने रखता है। वे आगे कहते हैं कि गलतियों से बचना सफलता पाने का एक सराहनीय तरीका है। उन्होंने एक बार अपनी सफलता के कारणों को नीचे दिए गए शब्दों में गलतियों से बचने के रूप में उद्धृत किया था—"यह उल्लेखनीय है कि हमारे जैसे लोगों ने लंबे समय तक इतना लाभ प्राप्त किया है—निरंतर बेवकूफी न करने की कोशिश करते हुए, बजाय बहुत बुद्धिमान बनने की कोशिश करने के।"

'विपरीत सोच' उन सभी कारणों की पहचान करने के बारे में है, जो सबसे खराब स्थिति पैदा कर सकते हैं और एक बार जब आप उन्हें जान जाते हैं तो आपका प्राथमिक काम उन कारकों द्वारा फँसने से बचना होता है।

'विपरीत सोच' उन सभी कारणों की पहचान करने के बारे में है, जो सबसे खराब स्थिति पैदा कर सकते हैं और एक बार जब आप उन्हें जान जाते हैं तो आपका प्राथमिक काम उन कारकों द्वारा फँसने से बचना होता है।

'प्रथम सिद्धांत सोच'

इस पुस्तक के परिचय में आपने देखा कि कैसे एलन मस्क 'प्रथम सिद्धांत सोच' का उपयोग करके अपनी स्वयं की अंतरिक्ष रॉकेट कंपनी बनाने में सक्षम हुए। 'पहली सिद्धांत सोच' सबसे जटिल समस्याओं को छोटे व्याख्या करने योग्य टुकड़ों में तोड़ने के लिए सबसे प्रभावी रणनीतियों में से एक है, जो मूल और अभिनव समाधान प्रदान करते हैं। यह चीजों को उस तरह से देखने का एक तरीका है, जैसे एक वैज्ञानिक देखेगा।

एक वैज्ञानिक कैसे काम करता है?

वैज्ञानिक किसी भी चीज को यूँ ही नहीं मान लेते हैं। वे एक समस्या में तब तक अधिक-से-अधिक गहराई तक जाते हैं, जब तक कि वे स्थिति के मूल सत्य तक नहीं पहुँच जाते। मस्क ने क्या किया? मस्क रॉकेट तकनीक में गहरे और गहरे तक गए तथा उसे सीधे दो हार्डकोर मूल तत्त्वों तक सीमित कर दिया, अर्थात् रॉकेट के निर्माण के लिए कच्चे माल या घटक और दूसरे, वह तकनीक, जो रॉकेट को आगे धकेलती है और उसका प्रक्षेपण करती है।

वैज्ञानिक किसी भी चीज को यूँ ही नहीं मान लेते हैं। वे एक समस्या में तब तक अधिक-से-अधिक गहराई तक जाते हैं, जब तक कि वे स्थिति के मूल सत्य तक नहीं पहुँच जाते। मस्क ने क्या किया? मस्क रॉकेट तकनीक में गहरे और गहरे तक गए तथा उसे सीधे दो हार्डकोर मूल तत्त्वों तक सीमित कर दिया''

'प्रथम सिद्धांत सोच' को लागू करने में एक बड़ी समस्या यह है कि ज्यादातर लोग चीज के आकार के बारे में सोचते हैं और कार्यात्मक आवश्यकताओं को भूल जाते हैं। लोग उपमाओं के संदर्भ में सोचते हैं और बात करते हैं और यह रचनात्मक सोच की प्रक्रिया को सीमित करता है, क्योंकि उपमाएँ एक दीवार बना देती हैं, जो विचारों के मुक्त प्रवाह को सीमित करती है।

उदाहरण के लिए, जब तक हेनरी फोर्ड ने चार पहियोंवाली कार का आविष्कार नहीं किया था, तब तक लोग केवल तेज दौड़नेवाले घोड़ों के बारे में ही सोच सकते थे। हवाई जहाज की अवधारणा बनने से पहले तक लोग केवल उड़नेवाली कारों के बारे में सोच सकते थे। यहाँ समस्या

यह है कि लोग किसी कार्य को करने के लिए उसके मौजूदा रूप को जानते हैं और इसलिए वे बेहतर कार्यात्मक क्षमताओं के साथ बस, उसी रूप का अगला संस्करण चाहते हैं।

> ***यह केवल वे लोग होते हैं, जो कार्य के बारे में बात करते हैं और आकार में बहुत अधिक नहीं फँसते हैं, जो बहुतायत में रचनात्मकता को आमंत्रित करते हैं और इस तरह नए समाधानों के साथ सामने आते हैं।***

यह केवल वे लोग होते हैं, जो कार्य के बारे में बात करते हैं और आकार में बहुत अधिक नहीं फँसते हैं, जो बहुतायत में रचनात्मकता को आमंत्रित करते हैं और इस तरह नए समाधानों के साथ सामने आते हैं। उपमाओं के संदर्भ में सोचनेवाले लोग केवल पिछले रूप में निरंतर सुधार के बारे में बात करते हैं, जबकि पहले सिद्धांत के विचारक स्वयं कार्य की गुणवत्ता में सुधार की बात करते हैं।

निरंतर सुधार बनाम प्रथम सिद्धांत सोच के बीच अंतर ये हैं—

- निरंतर सुधार पहली डिजाइन द्वारा निर्धारित सीमा के भीतर होता है।
- 'प्रथम सिद्धांत सोच' के लिए आपका पिछले रूपों के प्रति अपनी निष्ठा को छोड़ना और कार्य को आगे और केंद्र में रखना आवश्यक होता है।

आइए, इसको रोलिंग सूटकेस के आविष्कार के उदाहरण की मदद से समझते हैं। प्राचीन रोम में सैनिक गाँवों की यात्रा करते समय भोजन और अन्य वस्तुओं को ले जाने के लिए चमड़े के बैगों का इस्तेमाल करते थे। उस समय वे रथ, वैगन जैसे पहियोंवाले कई वाहनों का

उपयोग कर रहे थे, लेकिन किसी ने सूटकेस के नीचे पहिए लगाने के बारे में कभी नहीं सोचा था। यह केवल 1970 में हुआ, जब बरनार्ड सैडो को यह विचार आया, जब उन्होंने एक मजदूर को कुछ भारी मशीनरी ले जाने के लिए पहिएदार स्किड का उपयोग करते हुए देखा।

इस आविष्कार से पहले लोगों ने लुढ़कनेवाले सूटकेसों के बारे में कभी नहीं सोचा था; हर कोई केवल मौजूदा 'रूप' में बुनियादी सुधार कर रहा था। किसी ने एक बैग पर कोई अतिरिक्त जिप या जेब लगाई, जबकि अन्य ने उसे और अधिक मजबूत बनाने के लिए विभिन्न प्रकार की सामग्री का उपयोग करने की कोशिश की।

इस आविष्कार से पहले लोगों ने लुढ़कनेवाले सूटकेसों के बारे में कभी नहीं सोचा था; हर कोई केवल मौजूदा 'रूप' में बुनियादी सुधार कर रहा था। किसी ने एक बैग पर कोई अतिरिक्त जिप या जेब लगाई, जबकि अन्य ने उसे और अधिक मजबूत बनाने के लिए विभिन्न प्रकार की सामग्री का उपयोग करने की कोशिश की।

'प्रथम सिद्धांत सोच' आपको एक मौजूदा रूप में छोटी-छोटी पुनरावृत्तियाँ करने के लोकप्रिय अभ्यास की तुलना में कार्य के संदर्भ में अधिक सोचने की अनुमति देती है। इसलिए 1970 से पहले सूटकेस में किए गए सभी बदलाव, जिप लगाकर, अतिरिक्त बैग जोड़कर या बेहतर सामग्री का उपयोग करके लाए गए केवल सुधारों के कुछ अन्य रूप ही थे। लेकिन सैडो ने 'प्रथम सिद्धांत सोच' का इस्तेमाल किया और कार्य को बदलने पर ध्यान केंद्रित किया, जिससे अंततः पहिएदार सूटकेस का वर्तमान रूप सामने आया।

एलन मस्क ने एक इंटरनेट उद्यमी के रूप में शुरुआत की, वहाँ

उन्होंने जो कुछ भी स्थापित किया, वह एक ऑनलाइन दुनिया में आभासी था। लेकिन फिर उन्होंने इलेक्ट्रिक कारों की भौतिक दुनिया का एक बहुत ही अलग स्पर्शरिखीय अनुपात लिया और फिर अन्य ग्रहों तक के लिए भौतिक रॉकेट भी बनाए। उनके पूरे उद्यमिता उद्यम में उन्होंने मौजूदा रूपों को बेहतर बनाने के बजाय कार्यात्मकता में सुधार लाने और मानव जीवन को बेहतर बनाने पर ध्यान केंद्रित किया।

इससे पहले कि आप अपनी समस्या का एक मौलिक और अभिनव समाधान ढूँढ़ सकें, बुनियादी बातों को गहराई से सीखने की आवश्यकता है। इसलिए आपको मूल सिद्धांतों को गहराई से जानने और उनमें महारत प्राप्त करने की आवश्यकता है।

आप अपने दैनिक जीवन में 'प्रथम सिद्धांत सोच' का उपयोग कैसे कर सकते हैं? 'प्रथम सिद्धांत सोच' का उपयोग करने के लिए कुछ आवश्यक शर्तें हैं—

- हमेशा कार्य या हासिल किए जानेवाले अंतिम उद्देश्य के बारे में सोचें।
- समस्या को छोटे-छोटे टुकड़ों में तोड़ें, जैसे—विभिन्न लोगों पर निर्भरता, उसे सँभालने के लिए आवश्यक संसाधन, संबोधित की जानेवाली विशिष्ट चुनौतियाँ आदि।
- इससे पहले कि आप अपनी समस्या का एक मौलिक और अभिनव समाधान ढूँढ़ सकें, बुनियादी बातों को गहराई से सीखने की आवश्यकता है। इसलिए आपको मूल सिद्धांतों को गहराई से जानने और उनमें महारत प्राप्त करने की आवश्यकता है।

जितना अधिक आप 'प्रथम सिद्धांत सोच' से सोचते हैं, उतनी अधिक रचनात्मकता आप आमंत्रित करेंगे, जो आपके कार्यों को बेहतर ढंग से करने में मदद करेगी।

दूसरे क्रम की सोच

आइए, अब सबसे बुद्धिमान विचारकों द्वारा उपयोग किए जानेवाले सोच के एक और शानदार तरीके के बारे में बात करते हैं। सोच को समझने के लिए दो अलग-अलग दृष्टिकोण हैं—(1) पहले क्रम की सोच (फर्स्ट ऑर्डर थिंकिंग) और (2) दूसरे क्रम की सोच (सेकंड ऑर्डर थिंकिंग)। 'पहले क्रम की सोच' को 'प्रथम सिद्धांत सोच' के साथ भ्रमित नहीं करना है, जो हमने पहले सीखी है।

अब सबसे बुद्धिमान विचारकों द्वारा उपयोग किए जानेवाले सोच के एक और शानदार तरीके के बारे में बात करते हैं। सोच को समझने के लिए दो अलग-अलग दृष्टिकोण हैं—(1) पहले क्रम की सोच (फर्स्ट ऑर्डर थिंकिंग) और (2) दूसरे क्रम की सोच (सेकंड ऑर्डर थिंकिंग)।

पहले क्रम के विचारक ऐसी चीजों की तलाश करते हैं, जो सरल, आसान और बचाव योग्य हों। लेकिन दुर्भाग्य से, हम जिस पूरे पारिस्थितिकी तंत्र में रहते हैं, वह उतना सरल नहीं है; बल्कि यह विभिन्न कारकों का एक जटिल क्रम-परिवर्तन और संयोजन और किसी भी दिए हुए समय पर उनकी पारस्परिक क्रिया है।

दूसरे क्रम के विचारक सरल से परे जाते हैं और विभिन्न मापदंडों पर विस्तार करते हुए बाहर देखते हैं। वे संभावित परिणामों के दूसरे, तीसरे और बाद के स्तरों पर जाते हैं और अधिक गहराई से सोचते हैं। दूसरे क्रम के विचारक विभिन्न कारकों के बीच पारस्परिक क्रिया के संदर्भ में

सोचते हैं, समय और प्रणाली से संबंधित पहलुओं पर ध्यान देते हुए। वे इस तरह के प्रश्न पूछते हैं—(क) समस्या में कौन से विभिन्न कारक या पैरामीटर शामिल हैं और उनके बीच कैसी पारस्परिक क्रिया है; (ख) किसी विशेष कार्य को करने और प्रत्येक परिणाम का विश्लेषण करने के विभिन्न संभावित परिणाम क्या हो सकते हैं, और (ग) समाधानों को गति देने के लिए उत्तोलन का उपयोग कैसे करना चाहिए?

प्रथम स्तरीय सोच सरलीकृत और सतही है और लगभग सभी लोग इसे कर सकते हैं (श्रेष्ठता के प्रयास में शामिल किसी भी चीज के लिए एक बुरा संकेत)। पहले स्तर के विचारक को केवल भविष्य के बारे में एक राय की आवश्यकता होती है, जैसे कंपनी के लिए दृष्टिकोण अनुकूल है, जिसका अर्थ है कि स्टॉक ऊपर जाएगा।

हॉवर्ड मार्क्स ने अपनी पुस्तक 'द मोस्ट इंपॉर्टेंट थिंग' में दूसरे क्रम की सोच की अवधारणा को समझाया है, जिसे वे 'दूसरे स्तर की सोच' कहते हैं।

"प्रथम स्तरीय सोच सरलीकृत और सतही है और लगभग सभी लोग इसे कर सकते हैं (श्रेष्ठता के प्रयास में शामिल किसी भी चीज के लिए एक बुरा संकेत)। पहले स्तर के विचारक को केवल भविष्य के बारे में एक राय की आवश्यकता होती है, जैसे कंपनी के लिए दृष्टिकोण अनुकूल है, जिसका अर्थ है कि स्टॉक ऊपर जाएगा। दूसरे स्तर की सोच गहरी, जटिल और घुमावदार होती है।"

चार्ली मुंगेर ने दूसरे क्रम की सोच के बारे में बताते हुए कहा—"यह आसान नहीं मानी जा सकती। जो भी इसे आसान समझता है, वह मूर्ख है।"

प्रथम क्रम के विचारकों के साथ समस्या यह है कि वे सभी एक जैसे सोचते हैं और दूसरों के समान निष्कर्ष पर आते हैं। लेकिन बात यहाँ है, अलग बनने से असाधारण चीजें आती हैं। भीड़ में हर कोई जो कर रहा है, उसे करके आप अभूतपूर्व परिणाम हासिल नहीं कर सकते। आपको अलग होने की आवश्यकता है। लेकिन ध्यान रखें—आपको न केवल अलग होने की आवश्यकता है, बल्कि आपको सही होने की भी आवश्यकता है। अंधा मोड़ रास्ता नहीं होता है। आपको स्मार्ट विचलन का विकल्प चुनने की आवश्यकता है।

हॉवर्ड मार्क्स 'स्मार्ट डाइवर्जेंस' (विचलन) की आवश्यकता के बारे में बताते हैं। वे समझाते हैं कि पारंपरिक व्यवहार हमेशा या तो औसत अच्छे परिणाम या औसत बुरे परिणाम देगा, इसलिए आपको भीड़ के हिस्से के रूप में अन्य सभी के साथ औसत परिणाम प्राप्त होंगे।

> ***हॉवर्ड मार्क्स 'स्मार्ट डाइवर्जेंस' (विचलन) की आवश्यकता के बारे में बताते हैं। वे समझाते हैं कि पारंपरिक व्यवहार हमेशा या तो औसत अच्छे परिणाम या औसत बुरे परिणाम देगा, इसलिए आपको भीड़ के हिस्से के रूप में अन्य सभी के साथ औसत परिणाम प्राप्त होंगे।***

लेकिन यदि आप अपरंपरागत व्यवहार का चयन करते हैं तो केवल एक अलग रास्ता चुनने का मतलब यह नहीं है कि आप रातोरात सफल हो जाएँगे! यदि आपके प्रयासों का परिणाम अनुकूल है तो आपको औसत से ऊपर अनुकूल परिणाम प्राप्त होंगे, जो आपको रातोरात सफल बना देंगे। लेकिन यदि परिणाम प्रतिकूल हैं तो आप औसत से नीचे प्रतिकूल परिणामों का सामना करेंगे, जिससे आपको निराशा, हताशा और अपमान मिल सकता है।

समीकरण इस प्रकार काम करता है—

	परंपरागत व्यवहार	अपरंपरागत व्यवहार
अनुकूल परिणाम	औसत अच्छे परिणाम	औसत से ऊपर परिणाम
प्रतिकूल परिणाम	औसत खराब परिणाम	औसत से नीचे परिणाम

निस्संदेह अत्यधिक सफल होने के लिए आपको भीड़ से अलग खड़ा होना होगा। लेकिन किसी बिल्कुल अलग चीज में कूदने से पहले ध्यान रखें कि आपको एक अच्छा दूसरे क्रम का विचारक होने की आवश्यकता है। दूसरे क्रम के विचारक के रूप में आपको बहुत से कारकों को ध्यान में रखना होगा, जो आपके द्वारा अपरंपरागत व्यवहार का चुनाव करने पर पारस्परिक क्रिया करेंगे। आपको विभिन्न लोगों की भूमिका को समझने की और आपका पारिस्थितिकी तंत्र आपके निर्णयों को कैसे प्रभावित करेगा, यह समझने की आवश्यकता है।

यह सिद्धांत याद रखें—आपको न केवल अलग होने की आवश्यकता है, बल्कि आपको सही होने की आवश्यकता भी है।

सरल विचारों की गहरी समझ

"अगर आप इसे आसानी से नहीं समझा सकते हैं
तो आप इसे अच्छी तरह नहीं समझते हैं।"

—अल्बर्ट आइंस्टीन

अपनी सोचने की क्षमताओं में सुधार करने के लिए आपको सरल विचारों की बहुत मजबूत समझ विकसित करने की आवश्यकता है। यह सरलतम समझ आपको आपकी सफलता के लिए सबसे मजबूत नींव

बनाने में मदद करेगी। आपको इस विषय का वास्तविक ज्ञान इस तरह से होना चाहिए कि आप अपनी सत्तर वर्षीय दादी को सरल भाषा में समझा सकें। आज की दुनिया दिखावे के ज्ञान से भरी हुई है। लोग चीजों की व्याख्या करने के लिए शब्दजाल और कठिन शब्दावली का उपयोग करते हैं, लेकिन उनके पास विषय की वास्तविक समझ का अभाव होता है।

"मैं अकसर यह शंकायुक्त (एपोक्रिफल) कहानी सुनाता हूँ कि कैसे मैक्स प्लैंक, नोबेल पुरस्कार जीतने के बाद, नए क्वांटम यांत्रिकी पर समान मानक व्याख्यान देते हुए पूरी जर्मनी में घूम रहे थे।"

एक बार फिर, चार्ली मुंगेर ने एक बार 2007 में 'यू.एस.सी. लॉ स्कूल' में एक प्रारंभिक भाषण में बोलते हुए वास्तविक ज्ञान और दिखावटी ज्ञान के बीच के अंतर को समझाया—

"मैं अकसर यह शंकायुक्त (एपोक्रिफल) कहानी सुनाता हूँ कि कैसे मैक्स प्लैंक, नोबेल पुरस्कार जीतने के बाद, नए क्वांटम यांत्रिकी पर समान मानक व्याख्यान देते हुए पूरी जर्मनी में घूम रहे थे।"

समय के साथ उनके शोफर ने व्याख्यान याद कर लिया और कहा—"क्या आपको बुरा लगेगा, प्रोफेसर प्लैंक, क्योंकि हमारी दिनचर्या में बने रहना इतना उबाऊ है, अगर मैं म्यूनिख में व्याख्यान देता हूँ और आप सिर्फ मेरे शोफर की टोपी पहनकर सामने बैठे रहते हैं?" प्लैंक ने कहा, "क्यों नहीं?" और शोफर उठ गया और उसने क्वांटम यांत्रिकी पर यह लंबा व्याख्यान दिया, जिसके बाद एक भौतिकी के प्रोफेसर ने खड़े होकर एक पूरी तरह से भयंकर प्रश्न पूछा। वक्ता ने कहा, "मुझे आश्चर्य है कि म्यूनिख जैसे उन्नत शहर में मुझे इस तरह का प्राथमिक प्रश्न मिल रहा है! मैं जवाब देने के लिए अपने शोफर से कहने जा रहा हूँ।"

निश्चित रूप से स्थिति को सँभालने में शोफर ने अपनी बुद्धिक तत्परता से जिस समझदारी का प्रदर्शन किया, उससे आप चकित हो गए होंगे। लेकिन यहाँ बात वास्तविक ज्ञान और दिखावे के ज्ञान के बीच अंतर करने की है। इस शोफर के पास विषय का गहरा और वास्तविक ज्ञान नहीं था; यह केवल दिखावटी ज्ञान था, जो केवल सतह के स्तर पर होता है।

आप वास्तविक ज्ञान और विषय की गहरी समझ कैसे प्राप्त करते हैं?

निश्चित रूप से स्थिति को सँभालने में शोफर ने अपनी बुद्धिक तत्परता से जिस समझदारी का प्रदर्शन किया, उससे आप चकित हो गए होंगे। लेकिन यहाँ बात वास्तविक ज्ञान और दिखावे के ज्ञान के बीच अंतर करने की है।

रिचर्ड फेनमैन, एक अमेरिकी भौतिक विज्ञानी और एक नोबेल पुरस्कार विजेता, ने एक सरल तकनीक तैयार की, जो किसी भी विषय का वास्तविक ज्ञान प्राप्त करने में मदद कर सकती थी, बजाय आपको केवल सतह-स्तर के ज्ञान से भरने के। उनके नाम पर 'फेनमैन तकनीक' के नाम से जानी जानेवाली यह तकनीक आपको किसी भी अवधारणा की गहन समझ विकसित करने में मदद करती है। मूल रूप से यह एक लक्षित शिक्षण दृष्टिकोण है।

फेनमैन तकनीक के चार चरण हैं—

चरण 1 : अवधारणा को पहचानें—कागज की एक शीट लें और पन्ने के शीर्ष पर उस अवधारणा का नाम लिखें, जिसे आप सीखना चाहते हैं।

चरण 2 : स्पष्ट भाषा में समझाएँ—अब अपने स्वयं के शब्दों में अवधारणा को समझाना शुरू करें, जैसेकि आपको इसे किसी और को सिखाने के लिए कहा गया हो। यहाँ याद रखनेवाली सबसे महत्त्वपूर्ण बात यह है कि आपको अपनी शिक्षण सामग्री में पढ़े हुए तकनीकी शब्दजाल का उपयोग नहीं करना है। आपको सीधी, सरल भाषा में अवधारणा को समझाना होगा।

कई लोग दूसरों को समझाने के लिए शब्दजाल या विषय की शब्दावली का उपयोग करते हैं, तब भी, जब वे अवधारणाओं को बहुत स्पष्ट रूप से नहीं समझते हैं। इसका कारण यह है कि शब्दजाल का उपयोग हमारे आसपास के लोगों से हमारी समझ के अभाव को छुपाता है।

कई लोग दूसरों को समझाने के लिए शब्दजाल या विषय की शब्दावली का उपयोग करते हैं, तब भी, जब वे अवधारणाओं को बहुत स्पष्ट रूप से नहीं समझते हैं। इसका कारण यह है कि शब्दजाल का उपयोग हमारे आसपास के लोगों से हमारी समझ के अभाव को छुपाता है। इसलिए स्वयं को धोखा न दें। प्रयास सीधी और सरल भाषा का उपयोग करने का होना चाहिए, जैसेकि आप अपनी सत्तर वर्षीय दादी को अवधारणा सिखा रहे हों, जिन्हें अवधारणा का कोई ज्ञान नहीं है।

चरण 3 : गैप की समीक्षा करें—इस चरण में आपको अपने स्पष्टीकरण की ईमानदारी से समीक्षा करने की आवश्यकता है। यहाँ आप उन क्षेत्रों की पहचान करेंगे, जहाँ आप किसी चीज को पूरी तरह से नहीं जानते थे या जहाँ आपको लगता था कि आपका स्पष्टीकरण ढुलमुल था या स्पष्ट नहीं था। आपको रुककर शिक्षण सामग्री या अवधारणा सीखने के लिए तैयार किए गए पिछले नोट्स पर वापस जाना होगा।

चरण 4 : पुनः व्यवस्थित करें और संक्षिप्त करें—एक बार जब आप लापता अवधारणाओं को स्पष्ट रूप से समझ जाते हैं तो आपको उन अवधारणाओं को फिर से स्पष्ट रूप से समझाने की आवश्यकता होगी। यदि आपके स्पष्टीकरण में अभी भी कोई क्षेत्र है, जहाँ आपने शब्दजाल, विषय शब्दावली या जटिल भाषा का उपयोग किया है तो इन वर्गों को सरल शब्दों में फिर से लिखने के लिए खुद को चुनौती दें। सुनिश्चित करें कि आपका स्पष्टीकरण किसी ऐसे व्यक्ति द्वारा समझा जा सकता है, जिसके पास वह ज्ञान का आधार नहीं है, जो आप मानते हैं कि आपके पास पहले से है।

'फेनमैन तकनीक' आपको किसी भी अवधारणा की आपकी समझ में मौजूद कमी की ईमानदारी से पहचान करके कोई भी चीज तेजी से सीखने में मदद करेगी। तकनीक एक नए विचार को सीखने, मौजूदा विचार को बेहतर ढंग से समझने या किसी भी जटिल विषय पर चर्चा के लिए खुद को तैयार करने के लिए उपयोगी है।

'फेनमैन तकनीक' आपको किसी भी अवधारणा की आपकी समझ में मौजूद कमी की ईमानदारी से पहचान करके कोई भी चीज तेजी से सीखने में मदद करेगी। तकनीक एक नए विचार को सीखने, मौजूदा विचार को बेहतर ढंग से समझने या किसी भी जटिल विषय पर चर्चा के लिए खुद को तैयार करने के लिए उपयोगी है।

यदि आप अपने दिमाग में विभिन्न प्रकार की जानकारी को इकट्ठा और जमा कर लेते हैं तो आप कुछ भी गहराई से नहीं समझ पाएँगे। आपको आवश्यक की तलाश करने और बाकी को त्यागने की आवश्यकता है। खुले रहें और देखें कि क्या है और क्या गायब है?

किसी भी चीज की गहरी समझ के लिए कुछ गहरे काम की आवश्यकता होती है। अपनी पुस्तक 'डीप वर्क' में कैल न्यूपोर्ट गहरे काम और उथले काम की अवधारणा को समझाते हैं। 'डीप वर्क' में विचलन-रहित एकाग्रता की स्थिति में की जानेवाली गतिविधियाँ शामिल होती हैं। यह आपकी संज्ञानात्मक क्षमताओं को धक्का देता है और—

- परिणाम दुर्लभ होता है,
- परिणाम का नया मूल्य होता है,
- आप अपने कौशल में सुधार करते हैं,
- परिणाम दोहराना मुश्किल होता है।

दूसरी ओर, उथला कार्य गैर-संज्ञानात्मक रूप से डिमांडिंग होता है, इसमें लॉजिस्टिक्स-शैली के कार्य होते हैं और अकसर विचलित होने पर किया जाता है। ये प्रयास—

- कोई नया मूल्य नहीं बनाते हैं,
- दोहराने में आसान होते हैं,
- दुर्लभ नहीं होते हैं।

किसी भी चीज की गहरी समझ के लिए कुछ गहरे काम की आवश्यकता होती है। अपनी पुस्तक 'डीप वर्क' में कैल न्यूपोर्ट गहरे काम और उथले काम की अवधारणा को समझाते हैं। 'डीप वर्क' में विचलन-रहित एकाग्रता की स्थिति में की जानेवाली गतिविधियाँ शामिल होती हैं।

बुद्धिमानी से सोचने के लिए विभिन्न अवधारणाओं की अत्यधिक स्पष्टता की आवश्यकता होती है। एक बार जब आपको विभिन्न विषयों की गहरी समझ हो जाती है तो आप दूसरों पर बढ़त हासिल करने लगते हैं, जो या तो केवल विशिष्ट

क्षेत्रों में विशेषज्ञ होते हैं या जिन्हें विभिन्न चीजों का बिखरा हुआ ज्ञान होता है।

लेकिन डीप वर्क या गहरे कार्य के लिए गहराई से ठीक होने की भी आवश्यकता होती है

यदि आप अपने आप को ठीक होने और फिर से जीवंत होने के लिए आवश्यक समय नहीं दे रहे हैं तो आप गहरे काम करना जारी नहीं रख सकते। यदि आप अपने आप को धकेलते रहेंगे तो आप सीखने और अपने कौशल को सुधारने में सक्षम नहीं होंगे। आपकी मानसिक मांसपेशियाँ आपकी शारीरिक मांसपेशियों की तरह हैं। यदि आपने कभी शारीरिक कसरत के लिए प्रशिक्षण व्यवस्था का पालन किया है तो अधिकांश प्रशिक्षक आपको हर समय आपकी मांसपेशियों का निर्माण करने के लिए बाध्य नहीं करते हैं। मजबूत, चिकनी मांसपेशियों के निर्माण के लिए कठिन व्यायाम सत्र के बाद आराम की अवधि आवश्यक है।

यदि आप अपने आप को ठीक होने और फिर से जीवंत होने के लिए आवश्यक समय नहीं दे रहे हैं तो आप गहरे काम करना जारी नहीं रख सकते। यदि आप अपने आप को धकेलते रहेंगे तो आप सीखने और अपने कौशल को सुधारने में सक्षम नहीं होंगे।

वृद्धि का सूत्र तनाव और पुनर्प्राप्ति का एक संयोजन है। समीकरण इस प्रकार है—

तनाव + बहाली (रिकवरी) = वृद्धि

जिम लोहर, एक प्रदर्शन मनोवैज्ञानिक, अपनी पुस्तक 'टफनेस ट्रेनिंग फॉर लाइफ' में इन शब्दों में उपरोक्त सूत्र पर जोर देते हैं—

"यह समझना महत्त्वपूर्ण है कि तनाव की मात्रा हमें कभी-कभार ही पराजित करती है; इससे कहीं अधिक बार हार का एजेंट तनाव के बाद बहाली के लिए एक अपर्याप्त क्षमता है। बड़े तनाव को बड़ी बहाली की आवश्यकता होती है। इसलिए कठोरता में आपका लक्ष्य, तनाव की शक्तिशाली तरंगों को फैलाने में और उसके बाद समान रूप से बहाली (रिकवरी) की शक्तिशाली गर्तों को फैलाने में सक्षम होना है। तो यहाँ एक आवश्यक कठोरता प्रशिक्षण सिद्धांत है—कड़ी मेहनत करो। उतनी ही मेहनत से बहाली करो।"

प्रशिक्षण के दृष्टिकोण से बहाली को तनाव जितना ही ध्यान मिलना चाहिए। दुर्भाग्य से, ऐसा शायद ही कभी होता है। वे इसे इस तरह से कहते हैं—"संक्षेप में तनाव विकास के लिए उत्तेजना है। जब आप बढ़ते हैं तो रिकवरी होती है।"

प्रशिक्षण के दृष्टिकोण से बहाली को तनाव जितना ही ध्यान मिलना चाहिए। दुर्भाग्य से, ऐसा शायद ही कभी होता है। वे इसे इस तरह से कहते हैं—"संक्षेप में तनाव विकास के लिए उत्तेजना है। जब आप बढ़ते हैं तो रिकवरी होती है।"

रिकवरी आपकी उत्पादन क्षमता में सुधार करती है

मुझे स्टीफन आर. कोवे द्वारा उनकी पुस्तक 'द 7 हैबिट्स ऑफ हाईली इफेक्टिव पीपल' में संदर्भित एक उदाहरण याद है, जो इस बिंदु पर जोर देने के लिए यहाँ प्रासंगिक है। यह एक संगठन के विनिर्माण स्थान पर एक प्रबंधक से संबंधित है। संगठन ने कम कीमत पर गुणवत्तावाले

उत्पादों का उत्पादन करने की क्षमता के साथ नई अत्याधुनिक भारी मशीनरी का आयात किया। यह प्रबंधक अपेक्षाकृत कम समय में उच्च गुणवत्तावाले उत्पादों की बड़ी मात्रा के लिए जिम्मेदार था। उसने नई मशीनरी के पूर्ण उपयोग के साथ शुरुआत की। उसने इसे अधिकतम क्षमता पर 24/7 संचालित किया। उसने डाउनटाइम, रिकवरी ब्रेक या मशीनरी के सामान्य रख-रखाव पर कम-से-कम ध्यान दिया। चूँकि मशीनरी नई थी, इसलिए वह परिणाम जारी करती रही और इसलिए संगठन की लाभप्रदता बढ़ गई और प्रबंधक को उसके प्रदर्शन के लिए सराहना मिली।

अब कुछ समय बाद इस प्रबंधक को पदोन्नत कर एक अलग स्थान पर स्थानांतरित कर दिया गया। विनिर्माण स्थान चलाने के प्रभारी के रूप में एक नया प्रबंधक आया। लेकिन इस प्रबंधक ने महसूस किया कि भारी उपयोग के साथ और रख-रखाव के लिए किसी भी डाउनटाइम के बिना, मशीनरी के बहुत सारे हिस्से पहले से ही काफी खराब हो गए थे।

अब कुछ समय बाद इस प्रबंधक को पदोन्नत कर एक अलग स्थान पर स्थानांतरित कर दिया गया। विनिर्माण स्थान चलाने के प्रभारी के रूप में एक नया प्रबंधक आया। लेकिन इस प्रबंधक ने महसूस किया कि भारी उपयोग के साथ और रख-रखाव के लिए किसी भी डाउनटाइम के बिना, मशीनरी के बहुत सारे हिस्से पहले से ही काफी खराब हो गए थे। जिन्हें बदलने या मरम्मत करने की आवश्यकता थी। नए प्रबंधक को मशीनों की मरम्मत और रख-रखाव में महत्त्वपूर्ण समय और प्रयास लगाना पड़ा, जिसके परिणामस्वरूप उत्पादन कम हुआ और इस तरह मुनाफे का नुकसान भी हुआ।

पहलेवाले प्रबंधक ने केवल उत्पादन के लक्ष्य का ध्यान रखा था और मशीनरी, यानी उत्पादन क्षमता को नजरअंदाज किया था, हालाँकि उसे अल्पकालिक अच्छे परिणाम प्राप्त हुए। लेकिन अंततः रिकवरी और रख-रखाव पर ध्यान नहीं देने के परिणामस्वरूप मशीनरी के बैठ जाने से दीर्घकालिक प्रतिकूल परिणाम सामने आए।

इस कहानी का नैतिक पाठ यह है कि यदि आप लंबे समय तक उच्च गुणवत्तावाला काम प्राप्त करना चाहते हैं तो रिकवरी के लिए कुछ समय निर्धारित करें। कभी-कभी लंबे समय तक काम के घंटे कुछ दिनों के लिए स्वीकार्य हो सकते हैं, लेकिन आपको विश्राम के समय की तलाश करके खोए हुए घंटों की भरपाई करने की आवश्यकता होती है।

इस कहानी का नैतिक पाठ यह है कि यदि आप लंबे समय तक उच्च गुणवत्तावाला काम प्राप्त करना चाहते हैं तो रिकवरी के लिए कुछ समय निर्धारित करें। कभी-कभी लंबे समय तक काम के घंटे कुछ दिनों के लिए स्वीकार्य हो सकते हैं, लेकिन आपको विश्राम के समय की तलाश करके खोए हुए घंटों की भरपाई करने की आवश्यकता होती है।

नींद के अलावा, रिकवरी में दिन के दौरान कुछ समय के लिए अपने काम से पूरी तरह से अलग हो जाना शामिल है, ताकि मस्तिष्क ने गहरे कार्य के दौरान जो कुछ भी प्राप्त किया है और अनुभव किया है, उसे संसाधित कर सके। केवल अगर आप रिकवरी के लिए समय देते हैं, तभी आपका मस्तिष्क नई सीखी चीज को आपके मेमोरी बोर्ड में वास्तव में अंकित करेगा। इस रिकवरी की अवधि के दौरान, आपको अंतर्दृष्टि या अंतर्ज्ञान के विस्फोट मिलेंगे, जो बड़े आह्लाद क्षण हो सकते हैं।

अधिकांश वरिष्ठ अधिकारी अकसर रिपोर्ट करते हैं कि उनके सबसे अच्छे विचार तब आते हैं, जब वे आराम कर रहे होते हैं या खुद को तरोताजा कर रहे होते हैं। आप भी कई 'विचार शावर में' अनुभव कर सकते हैं। इसलिए अपनी सोच क्षमताओं को तेज करने के लिए किसी भी विषय की अपनी समझ को गहरा करने पर काम करें और साथ-ही-साथ अपने मस्तिष्क का पोषण करें और गहनता के क्षणों को गहरी रिकवरी की अवधि के दौरान आपके लिए मूल्यवान् अंतर्दृष्टि प्रस्तुत करने की अनुमति दें।

अधिकांश वरिष्ठ अधिकारी अकसर रिपोर्ट करते हैं कि उनके सबसे अच्छे विचार तब आते हैं, जब वे आराम कर रहे होते हैं या खुद को तरोताजा कर रहे होते हैं। आप भी कई 'विचार शावर में' अनुभव कर सकते हैं।

अपनी सोच को बेहतर बनाने के लिए गलतियाँ करें

"एक आदमी की गलतियाँ उसकी खोज का द्वार होती हैं।"

—जेम्स जॉयस

लोग गलती करने से इतना डरते हैं, जैसेकि अगर वे एक गलती कर देंगे तो आसमान गिर जाएगा! लेकिन गलतियाँ करने का यह डर आपकी सोच की क्षमताओं को बेहतर बनाने के रास्ते में एक बड़ी बाधा है।

वास्तव में, गलतियाँ विकास उत्तेजक होती हैं, क्योंकि वे संकेत देती हैं कि आपने कुछ कारवाई की है, भले ही उस कारवाई ने सही परिणाम नहीं दिखाए। इसका मतलब है कि आपने एक गलत दरवाजा

बंद कर दिया है और अब कुछ नया करने के लिए खुले हैं।

गलतियों का मतलब है कि आप एक काल्पनिक कारवाई करने से हट रहे हैं और अपने मस्तिष्क में उस आधार पर वास्तविक कारवाई करने में विफल हो रहे हैं, जिसके माध्यम से आप जीवन में एक वास्तविक सबक सीखते हैं। आपके मस्तिष्क में कारवाई करने की समस्या यह है कि आप यह नहीं समझ सकते कि वास्तविकता में विभिन्न अनिश्चित और अज्ञात कारक कैसे काम करेंगे? ये वास्तविक कारक केवल वास्तविक समय में आपके मस्तिष्क के बाहर भौतिक दुनिया में दिखाई देंगे। आप अपने मस्तिष्क में सोच सकते हैं, लेकिन आप अपने मस्तिष्क में कार्य नहीं कर सकते। जबकि सोचना मस्तिष्क में होता है, असली कारवाई ठोस जमीन पर होती है।

गलतियों का मतलब है कि आप एक काल्पनिक कारवाई करने से हट रहे हैं और अपने मस्तिष्क में उस आधार पर वास्तविक कारवाई करने में विफल हो रहे हैं, जिसके माध्यम से आप जीवन में एक वास्तविक सबक सीखते हैं।

यदि आपको इस पुस्तक या किसी अन्य पुस्तक के पहले मसौदे को पढ़ने का मौका मिला है तो आप पुस्तक को एक गलती के रूप में घोषित करेंगे। किसी भी लेखक द्वारा किसी भी पुस्तक का पहला मसौदा हमेशा एक गलती की तरह दिखाई देता है, क्योंकि वह और कुछ नहीं, बल्कि चेतना-की-धारा लेखन और विचारों को कागज पर डालना होता है। दूसरे शब्दों में, पहला मसौदा सिर्फ लेखक की रचनात्मकता को उसके दिमाग से निकालना और कागज पर लाना होता है। अभी भी कई असंबद्ध विचार और विचार प्रक्रियाएँ शेष होंगी, जिन्हें ठीक करने की आवश्यकता होगी; और दूसरे तथा तीसरे मसौदे के दौरान कई बदलाव

होते हैं, जब लेखक सही संदर्भ देकर और चीजों को सही क्रम और प्रवाह में डालकर कुछ बिंदुओं को संपादित और एकजुट करता है।

लेकिन इस मामले का तथ्य यह है कि दूसरा मसौदा पहले मसौदे के बिना संभव नहीं होता। इसलिए यदि लेखक पहले मसौदे के बाद लेखन छोड़ देता है तो वह निश्चित रूप से एक गलती की तरह दिखाई देगा, लेकिन यह केवल पहला मसौदा है, जो शोधन और संपादन की ओर जाता है और इसलिए पुस्तक का दूसरा और तीसरा मसौदा बनाता है। उसके बाद संपादक और प्रूफरीडर्स पाठकों के लिए तैयार अंतिम पांडुलिपि बनाने में अपनी भूमिका निभाते हैं।

आप कह सकते हैं कि एक सर्वश्रेष्ठ पुस्तक भी कई संशोधन करने और कई गलतियों को सुधारने का परिणाम होती है। ऐसा ही सर्वश्रेष्ठ संगीत एल्बम, सर्वश्रेष्ठ फिल्मों और सर्वश्रेष्ठ थिएटर शो के मामले में होता है। सबसे अच्छा ट्रेड टॉक्स या भाषण, जो लोगों को श्रद्धा से प्रेरित छोड़ देते हैं, अंतहीन अभ्यास और गलतियों से सीखने का परिणाम होते हैं।

आप कह सकते हैं कि एक सर्वश्रेष्ठ पुस्तक भी कई संशोधन करने और कई गलतियों को सुधारने का परिणाम होती है। ऐसा ही सर्वश्रेष्ठ संगीत एल्बम, सर्वश्रेष्ठ फिल्मों और सर्वश्रेष्ठ थिएटर शो के मामले में होता है। सबसे अच्छा ट्रेड टॉक्स या भाषण, जो लोगों को श्रद्धा से प्रेरित छोड़ देते हैं, अंतहीन अभ्यास और गलतियों से सीखने का परिणाम होते हैं।

लेकिन यहाँ बात यह है कि आप जितनी अधिक गलतियाँ करेंगे, उतना ही अधिक सीखेंगे, क्योंकि यह अनुभव के आधार पर आपके न्यूरो-सर्किटों को बदल देगा। थॉमस ए. एडीसन ने एक बार कहा

था—"मैं असफल नहीं हुआ हूँ। मुझे बस, 10,000 ऐसे तरीके मिले हैं, जो काम नहीं करेंगे।"

गलतियों से सीखने के लिए कहना केवल दार्शनिक सलाह नहीं है; तंत्रिका विज्ञान ने स्थापित किया है कि जब हम गलती करते हैं तो हमारे मस्तिष्क स्वयं जागरूक होते हैं। जैसाकि एक लेख में बताया गया है, यूनिवर्सिटी ऑफ एक्सटर के एक मनोवैज्ञानिक एंडी विल्स और उनकी टीम ने स्वयंसेवकों के एक समूह पर शोध किया कि कैसे उनके मस्तिष्क गलतियों को दर्ज करते थे और उन्हें ठीक करना सीखते थे? शोध में प्रतिभागियों को कंप्यूटर स्क्रीन पर दिए कुछ प्रश्नों के उत्तरों के बारे में भविष्यवाणियाँ करनी थीं। जब उन्होंने अपनी भविष्यवाणियाँ कर लीं तो उन्हें एक और स्क्रीन दिखाई गई, जिसमें कई भविष्यवाणियों को गलत बताया गया था। शोध का उद्देश्य यह देखना था कि मानव मस्तिष्क अपनी गलतियों का अहसास होने पर कैसे प्रतिक्रिया देता है? अध्ययन ने साबित किया कि जैसे ही प्रतिभागियों ने दूसरी स्क्रीन पर देखा, उनके मस्तिष्क को सेकंड के अंशों में गलतियों का अहसास हो गया। मस्तिष्क का निचला हिस्सा तुरंत पूरे मस्तिष्क को मिलीसेकेंड में गलती के बारे में संकेत भेज देता

> ***गलतियों से सीखने के लिए कहना केवल दार्शनिक सलाह नहीं है; तंत्रिका विज्ञान ने स्थापित किया है कि जब हम गलती करते हैं तो हमारे मस्तिष्क स्वयं जागरूक होते हैं। जैसाकि एक लेख में बताया गया है, यूनिवर्सिटी ऑफ एक्सटर के एक मनोवैज्ञानिक एंडी विल्स और उनकी टीम ने स्वयंसेवकों के एक समूह पर शोध किया कि कैसे उनके मस्तिष्क गलतियों को दर्ज करते थे...***

है, ताकि मस्तिष्क दूसरे दौर में भी वही गलती न करे।

इस अध्ययन ने दिखाया कि मानव मस्तिष्क गलतियों को बहुत शीघ्रता से दर्ज कर लेते हैं, उनके दिमाग के सचेतन सोच के हिस्सों तक पहुँचने से पहले ही। यह दरशाता है कि मस्तिष्क में गलतियों से जल्दी सीखने और उन्हें स्मृति में दर्ज करने की क्षमता है।

गलतियाँ करना कम-से-कम आपको आपकी वर्तमान स्थिति से अगले स्तर तक ले जाता है। आप या तो परिणाम प्राप्त करते हैं या अपने दृष्टिकोण के दोषों को जान लेते हैं। आप दोनों तरह से लाभ में होते हैं। या तो आप अपने लक्ष्यों को प्राप्त कर लेते हैं या फिर आप उसे करने के सही तरीके सीख लेते हैं।

अब अगले भाग पर चलते हैं, जहाँ हम आपके सोचने के कौशल को बेहतर बनाने के लिए और रणनीतियाँ सीखेंगे।

□

अध्याय–5

आपकी सोच को सक्रिय करने के लिए अतिरिक्त तकनीकें

"बुद्धिमत्ता खतरनाक होती है। बुद्धिमत्ता का अर्थ है कि आप स्वयं ही सोचना शुरू कर देंगे; आप अपने आप ही चारों ओर देखना शुरू कर देंगे। आप शास्त्रों पर विश्वास नहीं करेंगे; आप केवल अपने स्वयं के अनुभव पर विश्वास करेंगे।"

—ओशो

आइए, समझदारी से सोचने के लिए कुछ और प्रभावी रणनीतियों को देखना जारी रखें।

एकीकृत सोच

हर व्यक्ति अलग तरह से सोचता है, जो उसकी परवरिश, नियमित दिन–प्रतिदिन के माहौल और जीवन की परिस्थितियों पर निर्भर करता है। हममें से प्रत्येक का जीवन के बारे में एक अलग दृष्टिकोण है और हम अपने आसपास की चीजों को उस दृष्टिकोण से देखते हैं।

अपनी पुस्तक 'ऑपोजेबल माइंड्स : विनिंग इन इंटीग्रेटिव थिंकिंग' में लेखक रोजर मार्टिन सोच का एक नया पहलू बताते हैं, जिसे उन्होंने 1986 में विकसित किया था और जिसे 'एकीकृत सोच' के रूप में जाना जाता है। वे 'एकीकृत सोच' को इन शब्दों में परिभाषित करते हैं—"विरोधी विचारों के तनाव का रचनात्मक रूप से सामना करने की क्षमता और दूसरे की कीमत पर एक को चुनने के बजाय एक नए विचार के रूप में तनाव का एक रचनात्मक संकल्प उत्पन्न करना, जिसमें विरोधी विचारों के तत्त्व शामिल हैं, लेकिन वह प्रत्येक के लिए बेहतर है।"

मार्केटिंग के लोग और इंजीनियर अलग-अलग तरीके से कैसे सोचते हैं, यह पता करने के उदाहरण के साथ एकीकृत सोच की अवधारणा को समझते हैं। मार्केटिंग के लोग बाजार के विकास पर नजर रखते हैं, अपने प्रतिस्पर्धियों की उनके उत्पादों को अधिक बढ़ावा देने के लिए नई मार्केटिंग रणनीतियों के उनके कदमों को निरंतर ध्यान से देखते हुए।

आइए, मार्केटिंग के लोग और इंजीनियर अलग-अलग तरीके से कैसे सोचते हैं, यह पता करने के उदाहरण के साथ एकीकृत सोच की अवधारणा को समझते हैं। मार्केटिंग के लोग बाजार के विकास पर नजर रखते हैं, अपने प्रतिस्पर्धियों की उनके उत्पादों को अधिक बढ़ावा देने के लिए नई मार्केटिंग रणनीतियों के उनके कदमों को निरंतर ध्यान से देखते हुए। इस दृष्टिकोण के माध्यम से, वे लगातार अपनी मौजूदा विचार प्रक्रियाओं के साथ नए इनपुट की तुलना करते रहते हैं। लेकिन वे न तो जानकारी के एक टुकड़े को दूसरे के साथ प्रभावी ढंग से जोड़ने में सक्षम होते हैं और न ही इनपुट के

विभिन्न सेटों के आदान-प्रदान की परस्पर क्रिया को। एक तरह से वे उथले विचारक होते हैं।

तथापि इंजीनियरों के पास सोचने और चीजों का अवलोकन करने के लिए अधिक वैज्ञानिक दृष्टिकोण होता है। वे जानकारी के विभिन्न टुकड़ों के बीच सुसंगत पैटर्न खोजने के लिए अधिक-से-अधिक गहराई तक जाते रहते हैं। वे एक कारण और प्रभाव संबंध स्थापित करने में अधिक रुचि रखते हैं। एक तरह से वे गहरे विचारक होते हैं।

अब अगर ये दो प्रकार के लोग एक साथ बैठते हैं तो प्रत्येक समस्या को एक अलग तरीके से देखेगा। प्रत्येक के समस्या को अनोखे तरीके से देखने का मतलब यह है कि मार्केटिंगवाले लोगों के दिमाग में सूचनाओं की एक विस्तृत श्रृंखला भरी होगी, लेकिन वे विभिन्न कारकों के बीच संबंध को सटीक रूप से इंगित करने में अच्छे नहीं होंगे। दूसरी ओर, इंजीनियरों का ध्यान कुछ सीमित पहलुओं पर गहराई से केंद्रित होगा और विषय का उनका अध्ययन गहन होगा। अब यदि आप इन दो प्रकार के विचारकों को जोड़ते हैं और उन्हें विचार मंथन करने देते हैं, एक-दूसरे के दृष्टिकोण को लेते हुए, तो यह एकीकृत सोच का परिणाम उत्पन्न करेगा। वे चीजों के अवलोकन के दो विपरीत तरीकों के भीतर होनेवाले अंकुरण के कारण कुछ अनूठा लेकर आ सकते हैं।

अब अगर ये दो प्रकार के लोग एक साथ बैठते हैं तो प्रत्येक समस्या को एक अलग तरीके से देखेगा। प्रत्येक के समस्या को अनोखे तरीके से देखने का मतलब यह है कि मार्केटिंगवाले लोगों के दिमाग में सूचनाओं की एक विस्तृत श्रृंखला भरी होगी, लेकिन वे विभिन्न कारकों के बीच संबंध को सटीक रूप से इंगित करने में अच्छे नहीं होंगे।

एकीकृत सोच जटिल और पेचीदा समस्याओं को हल करने के लिए एक दृष्टिकोण है। रोजर मार्टिन इन शब्दों में 'एकीकृत सोच' की व्याख्या करना जारी रखते हैं—"एकीकृत विचारक मॉडलों का निर्माण करते हैं, बजाय उनके बीच चयन करने के। उनके मॉडलों में कई चरों के विचार शामिल होते हैं—ग्राहक, कर्मचारी, प्रतियोगी, क्षमताएँ, लागत संरचनाएँ, उद्योग विकास और विनियामक वातावरण—केवल उपरोक्त का एक उपसमूह नहीं। उनके मॉडल किसी भी समस्या में मुख्य चरों के बीच जटिल, बहुआयामी और बहुदिशात्मक सामान्य संबंधों को पकड़ते हैं। एकात्मतावादी विचारक समस्या पर समग्र रूप से सोचते हैं, बजाय उसे तोड़ने और उसके हिस्से करने के। अंत में, वे रचनात्मक रूप से महँगा ट्रेड-ऑफ किए बिना तनावों को हल करते हैं और चुनौतियों को अवसरों में बदल देते हैं।"

> ***एकीकृत विचारक मॉडलों का निर्माण करते हैं, बजाय उनके बीच चयन करने के। उनके मॉडलों में कई चरों के विचार शामिल होते हैं—ग्राहक, कर्मचारी, प्रतियोगी, क्षमताएँ, लागत संरचनाएँ, उद्योग विकास और विनियामक वातावरण—केवल उपरोक्त का एक उपसमूह नहीं।***

बहुत से इंजीनियर व्यवसाय प्रबंधन (बिजनेस एडमिनिस्ट्रेशन) में मास्टर डिग्री लेना पसंद करते हैं, इसलिए, ताकि वे इंजीनियरों के रूप में अपनी गहरी सोच क्षमताओं को विशाल व्यावसायिक प्रबंधन कौशल के साथ संयोजित कर सकें।

जस्टिन मस्क (एलन मस्क की पूर्व पत्नी) ने बताया कि कैसे विचार संलयन आपको विकास के एक पूरी तरह से भिन्न प्रक्षेप वक्र में डाल सकता है—"एक चीज चुनें और उस पर महारत प्राप्त करें। एक

दूसरी चीज चुनें और उस पर महारत प्राप्त करें। जब आप दो दुनियाओं के स्वामी बन जाते हैं (मान लीजिए, इंजीनियरिंग और व्यवसाय) तो आप उन्हें इस तरीके से एक साथ ला सकते हैं, जो (ए) एक-दूसरे को गरम विचारों का परिचय देगा, ताकि वे विचार सेक्स कर सकें और विचार शिशु पैदा कर सकें, जिसे पहले किसी ने नहीं देखा है और (बी) एक प्रतिस्पर्धात्मक लाभ उत्पन्न करेंगे, क्योंकि आप दुनियाओं के बीच चल सकते हैं, दोनों भाषाएँ बोल सकते हैं, जनजातियों को जोड़ सकते हैं, ताजी रचनात्मक अंतर्दृष्टि को जगाने के लिए तत्त्वों को मैश कर सकते हैं, जब तक कि आप उस अहसास के साथ नहीं जागते, जो आपके जीवन को बदल देता है।"

> ***अगली बार जब आपको दो अलग-अलग विचार आते हैं तो अपने आप को एक चुनने के लिए मजबूर न करें। जबकि अलग-अलग विचारों की तुलना हर जगह उपलब्ध वस्तुओं से की जा सकती है, दो अलग-अलग विचारों के बीच संयोजन या पारस्परिक क्रिया एक 'ब्रांड' और एक अद्वितीय बिक्री प्रस्ताव (यू.एस.पी.) बन सकता है।***

एकीकृत सोच का उपयोग कैसे करें ?

अगली बार जब आपको दो अलग-अलग विचार आते हैं तो अपने आप को एक चुनने के लिए मजबूर न करें। जबकि अलग-अलग विचारों की तुलना हर जगह उपलब्ध वस्तुओं से की जा सकती है, दो अलग-अलग विचारों के बीच संयोजन या पारस्परिक क्रिया एक 'ब्रांड' और एक अद्वितीय बिक्री प्रस्ताव (यू.एस.पी.) बन सकता है।

उस प्रयोग को याद करें, जहाँ बर्नार्ड सैडो ने दो अलग-अलग विचारों पर ध्यान दिया था—एक भारी मशीनरी ले जाने के लिए पहिएदार

गाड़ी का उपयोग और दूसरा भारी सूटकेस ले जाने के लिए। उस समय तक, किसी ने भी इन दोनों विचारों को एकीकृत करने के बारे में नहीं सोचा था, यानी सूटकेस पर पहिए लगाने के बारे में। सैडो ने एकीकृत सोच का इस्तेमाल किया और रोल करनेवाले सूटकेस का विचार बनाया और यह एक त्वरित सफलता थी।

एक अन्य उदाहरण सिल्वन गोल्डमैन, एक अमेरिकी व्यवसायी और 'शॉपिंग कार्ट' के आविष्कारक से आया है, जो कुछ अलग लेकर आए, जिसके बारे में 1937 से पहले किसी ने नहीं सोचा था। उन्होंने देखा कि दुकानों में लोग केवल उतना ही किराने का सामान खरीदते हैं, जितना वे अपने हाथों में पकड़ सकते हैं। जब वे और अधिक उत्पादों को पकड़ने में सक्षम नहीं होते हैं तो वे आगे खरीद नहीं करते। तो उन्होंने यह किया—उन्होंने एक कुरसी ली, उसके नीचे पहिए लगाए और फिर सीट पर टोकरी रख दी। यह 'शॉपिंग कार्ट' का जन्म था, जो अब एक सार्वभौमिक घटना है। यह एकीकृत सोच का एक शानदार उदाहरण है।

एक अन्य उदाहरण सिल्वन गोल्डमैन, एक अमेरिकी व्यवसायी और 'शॉपिंग कार्ट' के आविष्कारक से आया है, जो कुछ अलग लेकर आए, जिसके बारे में 1937 से पहले किसी ने नहीं सोचा था। उन्होंने देखा कि दुकानों में लोग केवल उतना ही किराने का सामान खरीदते हैं, जितना वे अपने हाथों में पकड़ सकते हैं।

एकीकृत सोच अनंत संभावनाओं का एक नीला सागर लाती है और आपको आपके क्षेत्र में एक त्वरित लीडर बना सकती है, क्योंकि जहाँ लोग एकल विचारों को बेच रहे हैं, आपने दो अलग-अलग विचारों को प्रभावी ढंग से संयोजित करने और एक नया तथा अनूठा विचार

उत्पन्न करने के लिए अपनी सोच के कौशल का उपयोग किया। और इसलिए आप मार्केट लीडर बन जाते हैं।

कार्टेशियन संदेह विधि

1600 के दशक के एक फ्रांसीसी दार्शनिक रेने डेसकार्टेस हमेशा अपनी मान्यताओं, सोच, विचारों और पदार्थ की दुनिया पर संदेह करते थे। उन्होंने दिखाया कि तर्क के लिए उनका आधार और उससे प्राप्त कोई भी ज्ञान झूठ भी हो सकता है। उनके विचार में संवेदी अनुभव उनके लिए ज्ञान की प्राथमिक विधा, अकसर गलत होता था और इसलिए उस पर संदेह किया जाना चाहिए। संक्षेप में, एक व्यक्ति जो देखता है, वह भ्रम भी हो सकता है।

1600 के दशक के एक फ्रांसीसी दार्शनिक रेने डेसकार्टेस हमेशा अपनी मान्यताओं, सोच, विचारों और पदार्थ की दुनिया पर संदेह करते थे। उन्होंने दिखाया कि तर्क के लिए उनका आधार और उससे प्राप्त कोई भी ज्ञान झूठ भी हो सकता है।

डेसकार्टेस के उनके स्वयं के अस्तित्व पर संदेह की पद्धति को लागू करने के प्रयास ने उनकी प्रसिद्ध कहावत में निहित प्रमाण को जन्म दिया—"मैं सोचता हूँ, इसलिए मैं हूँ।" इसका मतलब है कि उन्होंने अपने स्वयं के अस्तित्व पर संदेह करने की कोशिश की, लेकिन पाया कि अपने संदेह में भी, वे अस्तित्व में थे, क्योंकि वे संदेह नहीं कर सकते थे, यदि वे मौजूद नहीं थे।

डेसकार्टेस ने एक सिद्धांत विकसित किया, जिसमें आप व्यवस्थित रूप से उन सब चीजों पर संदेह करते हैं, जिन्हें संभवत: आप देख सकते हैं या कर सकते हैं, जब तक कि आप एक अदम्य सच्चाई के साथ नहीं

रह जाते, जिसे 'कार्टेशियन डाउट' या 'कार्टेशियन स्केप्टिज्म' के रूप में जाना जाता है। यह व्यक्ति की अपनी मान्यताओं की सच्चाई के बारे में संदेह करने या उलझन में होने की एक व्यवस्थित प्रक्रिया है। यह दृष्टिकोण आलोचनात्मक सोच के सिद्धांत पर काम करता है।

आप किसी चीज को केवल तभी बदल सकते हैं, जब आप उसके बारे में जानते हैं और निश्चित है कि उसे बदलने की आवश्यकता है। केवल तभी, जब आप पाते हैं कि आपकी मान्यताएँ सही नहीं हैं, आप यह जानने के लिए कदम उठाएँगे कि आपके लिए वास्तविकता क्या है ?

जब आप अपनी खुद की सोच, मान्यताओं और राय पर संदेह करना शुरू कर देते हैं और यह पता लगाना चाहते हैं कि वे सच हैं या झूठ हैं तो आप आत्म-जागरूकता की ओर पहला कदम उठा रहे हैं। आप किसी चीज को केवल तभी बदल सकते हैं, जब आप उसके बारे में जानते हैं और निश्चित है कि उसे बदलने की आवश्यकता है। केवल तभी, जब आप पाते हैं कि आपकी मान्यताएँ सही नहीं हैं, आप यह जानने के लिए कदम उठाएँगे कि आपके लिए वास्तविकता क्या है ?

आप इसका अपने जीवन में व्यावहारिक रूप से कैसे उपयोग करते हैं ?

अपने जीवन में किन्हीं दो व्यक्तियों का उदाहरण लें, एक, जिसे आप बहुत प्यार करते हैं और दूसरा, जिससे आप बहुत नफरत करते हैं—दो चरम प्रकार की भावनाओं का प्रतीक। आपके पास इनसे प्यार या नफरत करने के कुछ कारण या भावनाएँ होनी चाहिए।

अब आपको यह प्रश्न पूछना शुरू करना होगा कि आप एक

व्यक्ति से प्यार या नफरत क्यों करते हैं और उस पर तब तक संदेह करते रहें, जब तक कि आप एक तथ्यात्मक निष्कर्ष पर नहीं पहुँच जाते हैं, जिस पर आगे संदेह नहीं किया जा सकता। यह एक प्याज छीलने जैसा है; एक बार जब आप कई परतों से गुजर चुके होते हैं तो जो कुछ बचा होगा, वह हार्ड कोर सच्चाई होगी। आपको इस अभ्यास से पहले की और बाद की अपनी भावनाओं की तुलना करनी चाहिए। फिर आप निश्चित रूप से इन प्रिय अथवा अप्रिय व्यक्तियों के प्रति अपनी सोच और दृष्टिकोण में कुछ बदलाव पाएँगे। '7-क्यों' (7-Whys) के सिद्धांत के नाम से जाना जानेवाला एक समान सिद्धांत है, जिसमें आपको अपने कार्यों या मान्यताओं के पीछे मुख्य कारणों या प्रेरणाओं को खोजने के लिए गहराई में जाते रहना पड़ता है। विचार है संदेह और प्रश्न करते रहना, जब तक कि आप समस्या की गहरी जड़ों तक नहीं पहुँच जाते। इस तरह, आप अपने दिमाग को बुद्धिमत्ता के गहरे स्तर से अपने प्रश्नों के उत्तर तलाशने के लिए प्रेरित करते हैं।

'7-क्यों' (7-Whys) के सिद्धांत के नाम से जाना जानेवाला एक समान सिद्धांत है, जिसमें आपको अपने कार्यों या मान्यताओं के पीछे मुख्य कारणों या प्रेरणाओं को खोजने के लिए गहराई में जाते रहना पड़ता है। विचार है संदेह और प्रश्न करते रहना, जब तक कि आप समस्या की गहरी जड़ों तक नहीं पहुँच जाते।

अपनी सोच क्षमताओं में सुधार करने के लिए मल्टीटास्किंग को खत्म कर दें

लोग सोचते हैं कि जितना अधिक वे एक साथ विभिन्न प्रकार के कार्यों को सँभालने में सक्षम होते हैं, वे उतने ही अधिक होशियार

होते हैं। वास्तव में, हमारा समाज उन लोगों को पुरस्कृत करता है, जो एक ही समय में अलग-अलग कामों में बाजी मारते दिखाई देते हैं। लेकिन दुर्भाग्य से, मल्टीटास्किंग एक ऐसी चीज है, जो आपकी सोच क्षमताओं को बेहतर बनाने में मदद नहीं करती।

किसी चीज के बारे में विचार बनाने के लिए उस पर लंबे समय तक ध्यान केंद्रित करना। इसका मतलब है कि आप अपने अनुभवों द्वारा निर्मित अलग-अलग यादों को निकालने की कोशिश कर रहे हैं, नए कनेक्शन बनाने से संबंधित न्यूरॉन्स को फायर कर रहे हैं और साथ-ही-साथ उन्हीं समस्याओं के नए समाधान तैयार करने के लिए अपनी कल्पना का उपयोग कर रहे हैं।

वास्तव में, सोच एक धीमी और इच्छित प्रक्रिया है, जिसमें एकाग्रता की आवश्यकता होती है और यह एक बहुत धीमी प्रक्रिया है। आप बहु-कार्य या मल्टीटास्क करते हुए साथ-साथ प्रभावी ढंग से सोच नहीं सकते हैं। मल्टीटास्किंग का मतलब केवल यह नहीं है कि आप सोच नहीं रहे हैं, बल्कि यह भी है कि आप वास्तव में अपनी सोचने की क्षमता को कम कर रहे हैं।

विचार करने का अर्थ है—किसी चीज के बारे में विचार बनाने के लिए उस पर लंबे समय तक ध्यान केंद्रित करना। इसका मतलब है कि आप अपने अनुभवों द्वारा निर्मित अलग-अलग यादों को निकालने की कोशिश कर रहे हैं, नए कनेक्शन बनाने से संबंधित न्यूरॉन्स को फायर कर रहे हैं और साथ-ही-साथ उन्हीं समस्याओं के नए समाधान तैयार करने के लिए अपनी कल्पना का उपयोग कर रहे हैं। सोचने का अर्थ है—नए विचार विकसित करना।

प्रश्नों पर ध्यान केंद्रित करने और उनसे चिपके रहने में समय बिताएँ, धैर्य रखें, साहचर्य बनाएँ और अपने सीखे हुए विभिन्न विचारों के बीच संबंध बनाएँ और आप मूल सोच का आनंद ले सकते हैं।

मल्टीटास्किंग सोच के बुनियादी स्तर पर विफल हो जाती है। स्टैनफोर्ड यूनिवर्सिटी के एक अध्ययन से पता चलता है कि नियमित मल्टीटास्किंग लोगों का लंबे समय तक एक ही काम पर ध्यान केंद्रित करना मुश्किल बना देती है, लेकिन इससे भी महत्त्वपूर्ण बात, उन्हें प्रासंगिक और अप्रासंगिक सूचनाओं के बीच अंतर करना मुश्किल लगता है। अध्ययन में मल्टीटास्किंग प्रतिभागी मानसिक फाइलिंग में बदतर थे, जिसका अर्थ है कि वे जानकारियों को उनके संबंधित बक्सों में वर्गीकृत करने में सक्षम नहीं थे, ताकि जरूरत पड़ने पर उन्हें जल्दी से पुनः प्राप्त किया जा सके।

मल्टीटास्किंग सोच के बुनियादी स्तर पर विफल हो जाती है। स्टैनफोर्ड यूनिवर्सिटी के एक अध्ययन से पता चलता है कि नियमित मल्टीटास्किंग लोगों का लंबे समय तक एक ही काम पर ध्यान केंद्रित करना मुश्किल बना देती है, लेकिन इससे भी महत्त्वपूर्ण बात, उन्हें प्रासंगिक और अप्रासंगिक सूचनाओं के बीच अंतर करना मुश्किल लगता है।

इसलिए न केवल मल्टीटास्किंग लोगों को कम प्रभावी बनाती है, बल्कि जब वे मल्टीटास्किंग नहीं कर रहे होते हैं तो वे अपने लक्ष्यों को प्राप्त करने के लिए प्राथमिकता तय करने में भी कम प्रभावी होते हैं।

यूनिवर्सिटी कॉलेज, लंदन में एक अन्य अध्ययन में एक न्यूरोसाइंटिस्ट ने अकसर मल्टीटास्किंग करनेवालों के दिमाग का

अध्ययन किया। उन्होंने उनके कॉर्टेक्स में ग्रे पदार्थ का कम घनत्व पाया, जिसके परिणामस्वरूप संज्ञानात्मक प्रदर्शन में कमी पाई गई। एक लेख से पता चला कि जो व्यक्ति मल्टीटास्किंग करता है, उसके पास बैठने से आपकी बुद्धि सत्रह प्रतिशत कम हो जाती है।

'एक्सेलेंट शीप एंड अ लिटरेरी क्रिटिक' के लेखक विलियम डेरेसिविक्ज बताते हैं कि सोच कैसे काम करती है! वे कहते हैं—"केवल ध्यान केंद्रित करके, प्रश्न से चिपके रहकर, धैर्य रखकर, अपने मस्तिष्क के सभी हिस्सों को कार्य करने देकर मैं एक मूल विचार पर पहुँचता हूँ। अपने मस्तिष्क को संगतियाँ बनाने का, संबंध बनाने का, मुझे आश्चर्यचकित करने का मौका देकर।"

'एक्सेलेंट शीप एंड अ लिटरेरी क्रिटिक' के लेखक विलियम डेरेसिविक्ज बताते हैं कि सोच कैसे काम करती है! वे कहते हैं—"केवल ध्यान केंद्रित करके, प्रश्न से चिपके रहकर, धैर्य रखकर, अपने मस्तिष्क के सभी हिस्सों को कार्य करने देकर मैं एक मूल विचार पर पहुँचता हूँ। अपने मस्तिष्क को संगतियाँ बनाने का, संबंध बनाने का, मुझे आश्चर्यचकित करने का मौका देकर।"

100 प्रश्न तकनीक

आपके जीवन की गुणवत्ता उन प्रश्नों की गुणवत्ता पर निर्भर करती है, जो आप खुद से पूछते हैं। महान् मस्तिष्क प्रश्न पूछते हैं। यदि आप प्रश्न नहीं करते हैं तो इसका मतलब है कि आपको यथास्थिति के साथ समस्या नहीं है; इसका मतलब है कि आप बढ़ना नहीं चाहते हैं। आप केवल तब ही प्रश्न करना बंद कर सकते हैं, जब आप विकास के उच्चतम दायरे में पहुँच चुके हों—इससे पहले आप नहीं करेंगे।

लियोनार्दो दा विंची, प्रतिभाशाली पुनर्जागरण विचारक ने '100 प्रश्न तकनीक' के नाम से जानी जानेवाली यह अद्भुत तकनीक विकसित की। यदि आप बहुत सारी पुस्तकें पढ़ते हैं या अपना समय नए कौशल सीखने या किसी भी क्षेत्र में बढ़ने में खर्च करने के इच्छुक हैं तो ऐसे बहुत सारे प्रश्न हैं, जिनके आपको अभी भी उत्तर देने हैं। '100 प्रश्न तकनीक' आपके दिमाग में जो कुछ भी घूम रहा है, उसमें गहरी छानबीन और फिर आपके जीवन के लिए सबसे अधिक मायने रखनेवाले वास्तविक प्रश्नों को चुनने की तकनीक है। यह आपकी शीर्ष प्राथमिकताओं के बारे में स्पष्टता लाने में आपकी मदद करेगी।

लियोनार्दो दा विंची, प्रतिभाशाली पुनर्जागरण विचारक ने '100 प्रश्न तकनीक' के नाम से जानी जानेवाली यह अद्भुत तकनीक विकसित की। यदि आप बहुत सारी पुस्तकें पढ़ते हैं या अपना समय नए कौशल सीखने या किसी भी क्षेत्र में बढ़ने में खर्च करने के इच्छुक हैं तो ऐसे बहुत सारे प्रश्न हैं, जिनके आपको अभी भी उत्तर देने हैं।

यह तकनीक कुछ इस प्रकार काम करती है—

चरण 1 : अपने आप को 45 से 50 मिनट का ठोस समय दें, जब आपका ध्यान नहीं भटकेगा। आराम से बैठें और अपनी पत्रिका या कोई भी नोटबुक ले लें। आप अपने कंप्यूटर का भी उपयोग कर सकते हैं, लेकिन अगर आप अपनी इंद्रियों का उपयोग प्राकृतिक तरीके से करना चाहते हैं तो यह बेहतर होगा कि आप हाथ से लिखें। प्रौद्योगिकी बहुत सहायता करती है, लेकिन यहाँ हम अपनी आंतरिक दुनिया की खोज में हैं, तो आइए, उस तकनीक का उपयोग करें, जो सर्वोच्च शक्ति ने हमें प्रदान की है—हमारे हाथ।

यदि आप इस अभ्यास के लिए सुबह के समय का चयन करते हैं तो यह तुलनात्मक रूप से बेहतर होगा, क्योंकि आपका मस्तिष्क ताजा और विचारों से भरा होता है। अब अपना समय 45 से 60 मिनट के लिए निर्धारित करें और प्रश्न लिखना शुरू करें—कोई भी प्रश्न, जो आपके जीवन, आपके परिवेश या किसी अन्य चीज के बारे में दिमाग में आता है। याद रखें कि आपको इस निर्दिष्ट अवधि में सीधे 100 प्रश्न लिखने हैं।

प्रारंभिक बीस से तीस प्रश्न आपके दिमाग में आसानी से आ सकते हैं, लेकिन बाद में यह चुनौतीपूर्ण हो जाता है। आप थक जाएँगे और सोचेंगे कि अब कोई और प्रश्न नहीं हैं, लेकिन यहाँ रुकें नहीं। आपको खुद से पूछते रहना होगा, 'और क्या?' और अपने प्रश्न लिखते रहना होगा।

हालाँकि, प्रारंभिक बीस से तीस प्रश्न आपके दिमाग में आसानी से आ सकते हैं, लेकिन बाद में यह चुनौतीपूर्ण हो जाता है। आप थक जाएँगे और सोचेंगे कि अब कोई और प्रश्न नहीं हैं, लेकिन यहाँ रुकें नहीं। आपको खुद से पूछते रहना होगा, 'और क्या?' और अपने प्रश्न लिखते रहना होगा। यदि आपके मन में विशेष रूप से कुछ नहीं आता है तो आप साधारण से प्रश्न लिख सकते हैं, जैसे—'सड़कें कंक्रीट और तार से क्यों बनाई जाती हैं?' या 'आप किसी विशेष खाद्य पदार्थ को क्यों पसंद करते हैं?' या 'आपके पिता से सीखी गई सबसे अच्छी बात क्या थी?'

आप देखिए, मैं आपको अपनी जिज्ञासा को शांत करने के लिए कुछ विचार दे रहा हूँ। इस अभ्यास को करते समय आपको अहसास होगा कि शुरुआती बीस मिनटों में आप सामान्य रूप से लिख रहे होंगे। लेकिन आपकी समय अवधि के बाद के हिस्से में आपको कुछ विशिष्ट

विषय उभरते हुए दिखाई देंगे। ये विषय पैसे, रिश्ते, आध्यात्मिकता, व्यक्तिगत विकास, मौज-मस्ती/रोमांच या कुछ भी हो सकते हैं।

उदाहरण के लिए, जब मैंने अपने 100 प्रश्न किए तो मेरे विषय साहसिक यात्राओं पर जाने, जीवन, स्थानों और लोगों की खोज करने, नई चीजें सीखने और मानव क्षमता की असीमता का परीक्षण करने के आसपास घूम रहे थे।

मुद्दा यह है कि आपको उन 100 प्रश्नों को लिखते रहना होगा और जब तक आप समाप्त नहीं कर लेते हैं, तब तक आपको रुकना नहीं है।

अगले चरण के लिए अपने आप को 20 से 30 मिनट अधिक दें। अब अपने लिखे सभी 100 प्रश्नों की समीक्षा करें और उन्हें कुछ क्षणों के लिए अपने सिर में घूमने दें। कुछ प्रश्न बेतुके और गैर-महत्त्वपूर्ण लगेंगे, जबकि कुछ अन्य आपकी वास्तविक सहज जिज्ञासा से आए प्रतीत होंगे। प्रश्नों के ये बादवाले सेट आपके जीवन के प्रश्न हो सकते हैं।

चरण 2 : अगले चरण के लिए अपने आप को 20 से 30 मिनट अधिक दें। अब अपने लिखे सभी 100 प्रश्नों की समीक्षा करें और उन्हें कुछ क्षणों के लिए अपने सिर में घूमने दें। कुछ प्रश्न बेतुके और गैर-महत्त्वपूर्ण लगेंगे, जबकि कुछ अन्य आपकी वास्तविक सहज जिज्ञासा से आए प्रतीत होंगे। प्रश्नों के ये बादवाले सेट आपके जीवन के प्रश्न हो सकते हैं।

अब आपको आत्मनिरीक्षण करना है और 100 प्रश्नों में से अपने शीर्ष 10 प्रश्नों को चुनना है। यहाँ कोई सही या गलत प्रश्न नहीं हो सकते। ये वे 10 प्रश्न हैं, जो आपको अपने लिए और अपने जीवन के लिए सबसे महत्त्वपूर्ण लगेंगे। आप एक शांत वातावरण में, मौन में बैठते

हैं और इन प्रश्नों को अपनी असीम बुद्धिमत्ता के माध्यम से अपने दिमाग में खुद–ब–खुद जाने देते हैं। ये दूसरों द्वारा आरोपित नहीं हैं। बेशक, 100 में से कई प्रश्न आपके प्रशिक्षित दिमाग से आ सकते हैं, लेकिन जब आप अपने प्रश्नों को केवल शीर्ष 10 तक सीमित रखते हैं तो आप दूसरों द्वारा गुमराह नहीं हो सकते। ये प्रश्न आपके उत्तरी सितारे के रूप में काम करेंगे और आपका मार्गदर्शन उस दिशा में करेंगे, जिसके बारे में आप वास्तव में उत्तर पाना चाहते हैं। उन प्रश्नों के उत्तर ढूँढ़ने की आपकी खोज में, आपकी विचार प्रक्रिया में अत्यधिक स्पष्टता होगी।

जब आप 90 सवालों को हटा देते हैं तो आप सभी अनावश्यक चीजों को हटा रहे हैं और केवल 10 प्रश्नों को महत्त्व देने का चुनाव कर रहे हैं; इस प्रकार यह आपकी स्पष्टता और ध्यान में सुधार लाएगा और आप अधिक स्पष्ट रूप से सोच पाएँगे।

जब आप 90 सवालों को हटा देते हैं तो आप सभी अनावश्यक चीजों को हटा रहे हैं और केवल 10 प्रश्नों को महत्त्व देने का चुनाव कर रहे हैं; इस प्रकार यह आपकी स्पष्टता और ध्यान में सुधार लाएगा और आप अधिक स्पष्ट रूप से सोच पाएँगे।

यह तकनीक बहुत सहायक है, क्योंकि यह आपके मस्तिष्क से सबकुछ कागज पर प्राप्त कर लेती है—उसका उपयोग करते हुए, जो पहले से ही वहाँ संगृहीत है और साथ ही आपकी कल्पना से सबकुछ निचोड़कर भी। अगले चरण में आप अपनी शीर्ष 10 प्राथमिकताओं को जानेंगे। यह पूरा अभ्यास आपके मस्तिष्क को इस बारे में स्पष्ट रहने का आदेश देता है कि आपके लिए सबसे महत्त्वपूर्ण क्या है; और इस स्पष्टता के साथ आपका मस्तिष्क केंद्रित हो जाता है और उन विचारों या

सोच का उत्पादन करता है, जो आपके सबसे महत्त्वपूर्ण लक्ष्यों की सेवा करेंगे। जैसाकि टोनी रॉबिंस बुद्धिमत्ता से कहते हैं—"जहाँ ध्यान जाता है, वहाँ ऊर्जा का प्रवाह होता है।"

अपने शीर्ष 10 प्रश्नों को प्राप्त करना आपका अंतिम लक्ष्य खोजने की क्रिया है। जब तक आप इन प्रश्नों को शॉर्टलिस्ट करेंगे, तब तक आपके दिमाग में सहज स्पष्टता की एक भावना आ चुकी होगी, यह देखने के लिए कि आपकी ऊर्जा स्वत: वहीं प्रवाहित होने लगी है, जहाँ आपका ध्यान स्थानांतरित हो गया है।

फ्लुइड इंटेलिजेंस और क्रिस्टलाइज्ड इंटेलिजेंस का उपयोग करें

शोधकर्ता एक और परिप्रेक्ष्य के बारे में बात करते हैं, जो कहता है कि मनुष्यों के पास तरल और क्रिस्टलीकृत बुद्धि है। बुद्धिमत्ता के इन दो प्रकारों को समझना और प्रभावी ढंग से उपयोग करना आपकी सोच क्षमताओं को बढ़ाएगा।

अपने शीर्ष 10 प्रश्नों को प्राप्त करना आपका अंतिम लक्ष्य खोजने की क्रिया है। जब तक आप इन प्रश्नों को शॉर्टलिस्ट करेंगे, तब तक आपके दिमाग में सहज स्पष्टता की एक भावना आ चुकी होगी, यह देखने के लिए कि आपकी ऊर्जा स्वत: वहीं प्रवाहित होने लगी है, जहाँ आपका ध्यान स्थानांतरित हो गया है।

बुद्धिमत्ता केवल विभिन्न तथ्यों के एक संग्रह से कहीं अधिक है; इसमें नई चीजों को सीखने की क्षमता भी शामिल है। मनोवैज्ञानिक, रेमंड कैटेल ने पहले तरल और क्रिस्टलीकृत बुद्धि की अवधारणाएँ प्रस्तुत कीं और बाद में अपने एक छात्र जॉन हॉर्न के साथ

अपने सिद्धांत को आगे विकसित किया।

तरल और क्रिस्टलीकृत बुद्धि का 'कैटेल-हॉर्न सिद्धांत' सुझाव देता है कि बुद्धि विभिन्न क्षमताओं से बनी है, जो समग्र व्यक्तिगत बुद्धिमत्ता का उत्पादन करने के लिए एक साथ मिलकर काम करती हैं।

तरल बुद्धि को अकसर सीखने की वैश्विक क्षमता, नई चीजों को सीखने की क्षमता और तर्क करने की क्षमता के रूप में परिभाषित किया जाता है। दूसरी ओर, क्रिस्टलीकृत बुद्धि हमारी पूर्व शिक्षा और पिछले अनुभवों से आती है।

तरल बुद्धि को अकसर सीखने की वैश्विक क्षमता, नई चीजों को सीखने की क्षमता और तर्क करने की क्षमता के रूप में परिभाषित किया जाता है। दूसरी ओर, क्रिस्टलीकृत बुद्धि हमारी पूर्व शिक्षा और पिछले अनुभवों से आती है।

तरल बुद्धि मुख्य रूप से सोचने और अमूर्त रूप से तर्क करने की और समस्याओं को हल करने की हमारी क्षमता के लिए जिम्मेदार होती है। इसे सरलता से कहते हुए, तरल बुद्धि का संबंध पूर्व के अधिगृहीत ज्ञान से स्वतंत्र रूप से तर्क करने और समस्याओं को हल करने की क्षमता से है। यह सबसे सामान्य रूप से पहेलियों को सुलझाने और समस्या सुलझाने की रणनीतियाँ बनाने में उपयोग की जाती हैं। और जब आपको परीक्षा देनी होती है या कुछ पढ़कर समझना होता है तो क्रिस्टलीकृत बुद्धि काम में आती है।

आप पूछते हैं कि कौन सी बेहतर है? और जवाब है कि दोनों महत्त्वपूर्ण हैं। वास्तव में, बुद्धि के ये दोनों प्रकार एक-दूसरे के पूरक हैं। कैटेल ने सुझाव दिया कि जब दोनों को संयुक्त किया जाता है तो हमें वह मिलता है, जिसे हम 'सामान्य बुद्धि' कहते हैं।

उदाहरण के लिए, यदि आपको किसी समस्या को हल करना है, जैसेकि पट्टे पर कार लेने बनाम एक नई कार खरीदने के बीच निर्णय लेना, आप बेहतर सोच सकते हैं और निर्णय लेने के दोनों तरीकों का उपयोग करके गुणवत्ता का निर्णय ले सकते हैं। क्रिस्टलीकृत बुद्धि आपको आपके पूर्व के ज्ञान और ब्याज दरों की समझ या अन्य जानकारी का उपयोग करने में मदद करेगी, जो आपको तथ्यों पर स्पष्ट होने में मदद करेगी। लेकिन तरल बुद्धि आपको खुलने में मदद करेगी और एक कार लेने में आपके उद्देश्य पर विचार करने की नई संभावनाओं का पता लगाने में मदद करेगी। आप अपने परिवार, काम या व्यक्तिगत जीवन से कोई भी सरल से लेकर जटिल उदाहरण ले सकते हैं और अपने मौजूदा ज्ञान और अनुभव (क्रिस्टलीकृत बुद्धि) का पूर्ण लाभ प्राप्त करने के लिए दोनों प्रकार की बुद्धिमत्ता का उपयोग कर सकते हैं, साथ-ही-साथ अपने दिमाग में नए संबंध बना सकते हैं और अपनी समस्या को हल कर सकते हैं (तरल बुद्धि)।

यदि आपको किसी समस्या को हल करना है, जैसेकि पट्टे पर कार लेने बनाम एक नई कार खरीदने के बीच निर्णय लेना, आप बेहतर सोच सकते हैं और निर्णय लेने के दोनों तरीकों का उपयोग करके गुणवत्ता का निर्णय ले सकते हैं।

वास्तव में, आप बुद्धि के इन दोनों रूपों को अलग नहीं कर सकते। जितना अधिक आप तरल बुद्धि का उपयोग करते हैं, सोचते हैं और पता करते हैं, उतने ही बेहतर तरीके से नई जानकारी आपकी दीर्घकालिक स्मृति में स्थानांतरित हो जाती है और इस प्रकार क्रिस्टलीकृत बुद्धि का हिस्सा बन जाती है।

क्रिस्टलीकृत बुद्धि को सीखने के लिए खुलेपन के माध्यम से

सुधारा जा सकता है। चूँकि क्रिस्टलीकृत बुद्धि दीर्घकालीन स्मृति से संबंध रखती है, इसलिए आपके पास जितना अधिक संचित ज्ञान होगा, उतनी ही अधिक क्रिस्टलीकृत बुद्धि आपके पास होगी। इसलिए कोई भी व्यक्ति औपचारिक या सूचनात्मक शिक्षा संसाधनों के माध्यम से नई चीजों को निरंतर खोजने और सीखने के द्वारा अपनी क्रिस्टलीकृत बुद्धि में सुधार कर सकता है।

बुद्धि पर पिछले शोध ने सुझाव दिया था कि लोगों का वास्तव में उनकी बुद्धि पर बहुत अधिक नियंत्रण नहीं होता। यह माना जाता था कि हमारा आई.क्यू. काफी हद तक आनुवंशिकी द्वारा निर्धारित होता है और लक्षित प्रशिक्षण कार्यक्रमों में सीमित प्रभावशीलता बढ़ती जा रही है।

बुद्धि पर पिछले शोध ने सुझाव दिया था कि लोगों का वास्तव में उनकी बुद्धि पर बहुत अधिक नियंत्रण नहीं होता। यह माना जाता था कि हमारा आई.क्यू. काफी हद तक आनुवंशिकी द्वारा निर्धारित होता है और लक्षित प्रशिक्षण कार्यक्रमों में सीमित प्रभावशीलता बढ़ती जा रही है। हालाँकि 2008 के एक अध्ययन में यह पाया गया कि कार्यकारी स्मृति पर केंद्रित मस्तिष्क प्रशिक्षण के साथ तरल बुद्धि को सुधारना संभव है। जबकि दीर्घकालिक स्मृति तथ्यों और सूचनाओं को लंबे समय तक संगृहीत करने पर केंद्रित होती है, कार्यकारी स्मृति अल्पकालिक स्मृति का एक रूप है, जो उस पर केंद्रित होती है, जिसके बारे में आप वर्तमान में सोच रहे होते हैं। इस प्रकार की स्मृति में न केवल अल्प समय के लिए जानकारी संगृहीत करना शामिल है, बल्कि मानसिक रूप से उस जानकारी में हेर-फेर करने की क्षमता भी शामिल है।

कार्यशील स्मृति में सुधार करके तरल बुद्धि बढ़ाने की क्षमता पर हालिया शोध के कई महत्त्वपूर्ण निहितार्थ हैं—

- तरल बुद्धि को प्रशिक्षित किया जा सकता है।
- आप जितना अधिक प्रशिक्षण लेंगे, आपके परिणाम उतने ही बेहतर होंगे।
- कौशल अन्य क्षेत्रों के लिए हस्तांतरणीय होते हैं; कार्यशील स्मृति के एक क्षेत्र में प्रशिक्षण के परिणामस्वरूप प्रशिक्षण कार्यों से असंबंधित अन्य संज्ञानात्मक कौशल में लाभ हुआ।

नवीनतम शोध प्रमाण इंगित करते हैं कि आप तरल बुद्धि और क्रिस्टलीकृत बुद्धि, दोनों को ठीक से संश्लेषित करके एक बेहतर मस्तिष्क विकसित कर सकते हैं। बुद्धि के विकसित रूप के साथ आप बेहतर और अधिक बुद्धिमत्तापूर्ण तरीके से सोचने में सक्षम होंगे।

नवीनतम शोध प्रमाण इंगित करते हैं कि आप तरल बुद्धि और क्रिस्टलीकृत बुद्धि, दोनों को ठीक से संश्लेषित करके एक बेहतर मस्तिष्क विकसित कर सकते हैं। बुद्धि के विकसित रूप के साथ आप बेहतर और अधिक बुद्धिमत्तापूर्ण तरीके से सोचने में सक्षम होंगे।

जीनियस सोच के लिए लियोनार्दो दा विंची के 7 सिद्धांत

यदि आप मस्तिष्क की शक्ति का पूरी तरह से अनुकूलन और दोहन करने के तरीकों के बारे में जानना पसंद करते हैं तो आप लियोनार्दो दा विंची के सिद्धांतों पर विचार कर सकते हैं। वे एक सच्चे प्रतिभाशाली और पंद्रहवीं शताब्दी के एक जागरूक व्यक्ति थे। एक जागरूक व्यक्ति वह व्यक्ति होता है, जिसकी विशेषज्ञता विभिन्न क्षेत्रों में अनेक विषयों

को शामिल करती है। दा विंची एक चित्रकार, वास्तुकार, आविष्कारक थे और जिज्ञासा और जीवन भर सीखने के लक्ष्य के साथ एक छात्र भी।

यहाँ मनोवैज्ञानिक और हार्वर्ड विश्वविद्यालय में प्रो. हावर्ड गार्डनर द्वारा किए गए शोध पर ध्यान देना महत्त्वपूर्ण है, जिन्होंने अपनी पुस्तक में निष्कर्ष निकाला कि सात अलग-अलग प्रकार की बुद्धियाँ होती हैं—

1. **तार्किक-गणितीय :** इस तरह की बुद्धिमत्ता लोगों की वह चीजें करने में सहायता करती है, जिनके लिए तर्क, अमूर्तता, विचार, संख्या और अधिक आलोचनात्मक सोच की आवश्यकता होती है। इस प्रकार की बुद्धिमत्ता से समृद्ध लोगों के कुछ उदाहरण हैं—स्टीफन हॉकिंग, आइजैक न्यूटन, मैरी क्यूरी।
2. **मौखिक-भाषायी :** उच्च मौखिक-भाषायी बुद्धिवाले लोग शब्दों और भाषा के क्षेत्र में अत्यधिक विशेषज्ञता का प्रदर्शन करते हैं। विलियम शेक्सपियर, एमिली डिकिंसन और जॉर्ज लुइस बोर्जेस को आदर्श उदाहरण मानें।
3. **स्थानिक-यांत्रिक :** यह बुद्धि लोगों को उनके मन की आँखों के माध्यम से बहुत स्पष्ट रूप से देखने में अच्छा बनाती है, उन्हें नेविगेशन की स्थानिक समस्याओं को हल करने के लिए मानसिक कौशल, विभिन्न कोणों से वस्तुओं के बेहतर मानसिक दृश्य और अंतरिक्ष में स्थिति, मजबूत चेहरे या दृश्य की पहचान और बारीक विवरण देख पाने की बढ़ी हुई क्षमता प्रदान करती है। इस बुद्धि के उदाहरण हैं—माइकल एंजेलो, जॉर्जिया ओ'कीफ और बकमिनस्टर फुलर।
4. **संगीतमय :** इस क्षेत्र का संबंध ध्वनियों, लय, स्वर और संगीत

की संवेदनशीलता के साथ है। उच्च संगीतमय बुद्धिवाले लोगों में सामान्य रूप से अच्छा स्वरमान (पिच) होता है, यहाँ तक कि उनके पास पूर्ण स्वरमान भी हो सकता है। वे गाने में, संगीत, वाद्ययंत्र बजाने में और संगीत की रचना करने में सक्षम होते हैं। मोजार्ट, जॉर्ज गेर्शविन, एला फिट्‌जगेराल्ड को इस प्रकार की बुद्धि के अच्छे उदाहरण के रूप में उद्धृत किया जा सकता है।

5. **शरीर से किनेस्थेटिक :** इस प्रकार की बुद्धि शरीर की गतिविधियों को नियंत्रित करने की क्षमता और चीजों को बहुत कुशलता से सँभालने की क्षमता देती है। इसमें समय की भावना, शारीरिक काररवाई की स्पष्ट भावना के साथ-साथ व्यक्ति की प्रतिक्रियाओं को प्रशिक्षित करने की क्षमता शामिल है। इसका एक आदर्श उदाहरण मुहम्मद अली हैं।

इस प्रकार की बुद्धि शरीर की गतिविधियों को नियंत्रित करने की क्षमता और चीजों को बहुत कुशलता से सँभालने की क्षमता देती है। इसमें समय की भावना, शारीरिक काररवाई की स्पष्ट भावना के साथ-साथ व्यक्ति की प्रतिक्रियाओं को प्रशिक्षित करने की क्षमता शामिल है। इसका एक आदर्श उदाहरण मुहम्मद अली हैं।

6. **पारस्परिक-सामाजिक :** उच्च पारस्परिक कौशल रखनेवाले लोगों की विशेषता दूसरों के मूड, भावनाओं, स्वभाव और प्रेरणा के प्रति संवेदनशीलता और एक समूह के हिस्से के रूप में काम करने के लिए सहयोग करने की क्षमता होती है। इस

बुद्धि के अच्छे उदाहरण नेल्सन मंडेला और महात्मा गांधी हैं।

7. **इंट्रापर्सनल (आत्म-ज्ञान) :** इस क्षमता के साथ लोग आत्मनिरीक्षण और आत्म-मीमांसा में बहुत बेहतर कर सकते हैं। उन्हें अपनी स्वयं की, अपनी ताकत और कमजोरियों की गहरी समझ होती है। वे जानते हैं कि उन्हें क्या अद्वितीय बनाता है और वे अपनी प्रतिक्रियाओं तथा भावनाओं का अनुमान लगाने में सक्षम होते हैं। विक्टर फ्रैंकल, थिच नट हान और मदर टेरेसा को इस श्रेणी के लिए आदर्श उदाहरण कहा जा सकता है।

इस क्षमता के साथ लोग आत्मनिरीक्षण और आत्म-मीमांसा में बहुत बेहतर कर सकते हैं। उन्हें अपनी स्वयं की, अपनी ताकत और कमजोरियों की गहरी समझ होती है। वे जानते हैं कि उन्हें क्या अद्वितीय बनाता है और वे अपनी प्रतिक्रियाओं तथा भावनाओं का अनुमान लगाने में सक्षम होते हैं।

लियोनार्दो दा विंची बुद्धि के सभी सात क्षेत्रों में कुशल थे। माइकल गेल्ब अपनी बेस्टसेलिंग पुस्तक 'थिंक लाइक लियोनार्दो दा विंची' में बताते हैं कि लियोनार्दो के सात सिद्धांत थे, जिन्होंने उन्हें एक प्रतिभाशाली विचारक बनने के लिए प्रेरित किया।

लियोनार्दो ने अपने जीवनकाल में जिन सात सिद्धांतों का पालन किया, वे इस प्रकार हैं—

1. **जिज्ञासु दृष्टिकोण :** उनके पास जीवन के लिए एक जिज्ञासु दृष्टिकोण और निरंतर सीखने के लिए एक कठोर तलाश थी। वे अपनी सोच में आनेवाले किसी भी परिदृश्य के लिए 'क्या होता अगर' और 'ऐसा कैसे' पूछकर अपनी जिज्ञासा को सजीव रखते थे। प्रश्न 'क्या होता अगर' आपकी कल्पना को जगाए

रखता है और 'ऐसा कैसे' आपको हर चीज के पीछे के कारणों का पता लगाने में मदद करता है। गेल्ब सुझाव देते हैं कि यदि आप सुबह चार बजे आनेवाले विचारों को रिकॉर्ड करके लिख लेते हैं तो आप अपने सहज मन को अपनी रोजमर्रा की सोच का हिस्सा बनाने के लिए आमंत्रित कर रहे होते हैं।

2. **ज्ञान का परीक्षण करने के लिए प्रतिबद्धता :** उन्होंने अपने जीवन को अनुभव, दृढ़ता और अपनी गलतियों से सीखने की इच्छा के माध्यम से ज्ञान का परीक्षण करने की गहरी प्रतिबद्धता के साथ जिया। इस सिद्धांत के लिए आवश्यक है कि आप किसी भी चीज को तथ्य के रूप में न मान लें, बल्कि आपको हर विचार का परीक्षण करना चाहिए और स्वयं जीवन का अनुभव करना चाहिए। आपको अपने जीवन के विभिन्न पहलुओं के बारे में अपनी खुद की मान्यताओं का मुकाबला करने के लिए 'शैतान के वकील' की भूमिका निभाने की आवश्यकता होगी। उनका मानना था कि आपको व्यक्तिगत अनुभव के आधार पर किसी भी चीज को सही या गलत घोषित करना चाहिए।

> ***उन्होंने अपने जीवन को अनुभव, दृढ़ता और अपनी गलतियों से सीखने की इच्छा के माध्यम से ज्ञान का परीक्षण करने की गहरी प्रतिबद्धता के साथ जिया। इस सिद्धांत के लिए आवश्यक है कि आप किसी भी चीज को तथ्य के रूप में न मान लें, बल्कि आपको हर विचार का परीक्षण करना चाहिए और स्वयं जीवन का अनुभव करना चाहिए।***

3. **निरंतर शोधन :** वे अनुभव को स्पष्ट करने के साधन के रूप में इंद्रियों के निरंतर शोधन में विश्वास करते थे, विशेष रूप से दृष्टि के। उनके शब्दों में—"पाँच इंद्रियाँ आत्मा के मंत्री हैं।" दा विंची सभी इंद्रियों को अलग-अलग अनुभव से उजागर करने के एक मजबूत प्रस्तावक थे, चाहे वह सूँघना, देखना, छूना, सुनना या चखना हो। वे अपने आसपास की दुनिया से अविश्वसनीय रूप से प्रेरित थे और जितना अधिक वे अपनी इंद्रियों का सम्मान करते थे, उतनी ही ऊँची उनकी प्रतिभा होती जा रही थी। उनका मानना था कि दृष्टि, श्रवण, गंध, स्पर्श और स्वाद की इंद्रियों को तीव्र करना अनुभव के द्वार खोलने की कुंजी है।

> ***संदिग्धता, विरोधाभास और अनिश्चितता को गले लगाने की इच्छा दा विंची का प्रमुख जीवन सिद्धांत है। उनके पास राय और घटना के चरम विपरीत को समझने की बहुत अनूठी क्षमता थी। वे अज्ञात का पता लगाने और अनिश्चितता में आनंद लेने में सक्षम थे।***

4. **संदिग्धता को गले लगाएँ :** संदिग्धता, विरोधाभास और अनिश्चितता को गले लगाने की इच्छा दा विंची का प्रमुख जीवन सिद्धांत है। उनके पास राय और घटना के चरम विपरीत को समझने की बहुत अनूठी क्षमता थी। वे अज्ञात का पता लगाने और अनिश्चितता में आनंद लेने में सक्षम थे। हममें से अधिकांश लोग कुछ न जानने को या अचूक सवालों को लेकर असहज होते हैं, इसलिए हम हमारे नियंत्रण से बाहर कुछ भी करने से बचते हैं।

5. **विज्ञान और कला के बीच संतुलन :** वे विज्ञान और

कला, तर्क और कल्पना या 'पूरे मस्तिष्क की सोच' के बीच संतुलन के सिद्धांत की पुरजोर वकालत करते थे। अधिकांश लोग मस्तिष्क के बाएँ और दाएँ दोनों पक्षों का उपयोग नहीं करते हैं। बाएँ मस्तिष्क का उपयोग करनेवाले लोग शब्दों में सोचते हैं, रैखिक सोच का उपयोग करते हैं और सभी तथ्यों और लॉजिक्स आदि के बारे में बात करते हैं। अन्य लोग, जो दाएँ मस्तिष्क से काम लेते हैं, कल्पनाशील होते हैं, कल्पना में सोचते हैं और वे जो महसूस करते हैं, उसके बारे में बात करते हैं। वे अत्यधिक सहज ज्ञानयुक्त होते हैं। दा विंची मस्तिष्क के दोनों हिस्सों का उपयोग करने में बहुत विश्वास रखते थे। वे पूर्ण-मस्तिष्क विचारक थे। उन्होंने चित्रों के साथ विचारों को बाँधकर अपनी नोटबुकों में यह दिखाया। विशेष रूप से, वे मौलिक मस्तिष्क-नक्शाकार या माइंड-मैपर थे।

> ***अधिकांश लोग मस्तिष्क के बाएँ और दाएँ दोनों पक्षों का उपयोग नहीं करते हैं। बाएँ मस्तिष्क का उपयोग करनेवाले लोग शब्दों में सोचते हैं, रैखिक सोच का उपयोग करते हैं और सभी तथ्यों और लॉजिक्स आदि के बारे में बात करते हैं।***

6. **सुघड़ता का विकास :** उनका मानना था कि मानसिक संकायों की वृद्धि के लिए सुघड़ता, उभयहस्त कौशल, फिटनेस और संतुलन का विकास महत्त्वपूर्ण है। इसलिए उनका झुकाव उनकी मानसिक दृढ़ता के अलावा एथलेटिक्स की ओर भी था। उनका दृढ़ विश्वास था कि यदि वे चाहते थे कि उनका मस्तिष्क इष्टतम स्तरों पर प्रदर्शन करे तो उन्हें अपने शरीर को

भी सही आकार में रखने की आवश्यकता थी।

7. **सिस्टम्स सोच :** उनमें सभी घटनाओं की संयोजकता के लिए उन्हें एक मजबूत पहचान और सराहना थी—एक अवधारणा, जिसे 'सिस्टम्स थिंकिंग' कहा जाता है। सिस्टम्स सोच तब होती है, जब आप बड़ी मात्रा में जानकारी लेने और रुटीन, सूचियाँ और संगठन बनाने में सक्षम होते हैं। इसका संबंध पैटर्न की पहचान से भी होता है। दा विंची का मानना था कि 'हर चीज, हर चीज से आती है और हर चीज, हर चीज से बनती है और हर चीज, हर चीज में लौटती है।'

आपका दिमाग आपकी कल्पना से कहीं अधिक तेजी से यात्रा करता है, क्योंकि यह पूरी तरह से सेकंड के प्रत्येक अंश में अरबों न्यूरॉन्स के एक-दूसरे के साथ वायरिंग और फायरिंग के बारे में है।

अपनी सोच क्षमताओं को टर्बो-चार्ज करने के लिए माइंड-मैपिंग का प्रयोग करें

आपका दिमाग आपकी कल्पना से कहीं अधिक तेजी से यात्रा करता है, क्योंकि यह पूरी तरह से सेकंड के प्रत्येक अंश में अरबों न्यूरॉन्स के एक-दूसरे के साथ वायरिंग और फायरिंग के बारे में है। आपकी स्मृति और अनुभव में जानकारी के विभिन्न टुकड़ों के बीच जिस तरह के संबंध यह बनाता है, वे सुपर फास्ट और समझने में कठिन होते हैं। क्या यह देखना रोमांचक नहीं होगा कि ये संबंध कागज पर कैसे दिखते हैं और आप कौन-कौन से निष्कर्ष निकाल सकते हैं?

'माइंड-मैपिंग' वह तकनीक है, जिसमें आप अपने मस्तिष्क में विभिन्न विचारों के बीच हो रही परस्पर क्रिया और संबंधों को देख सकते

हैं। यह एक दृश्य आरेख के अलावा और कुछ नहीं है। एक मानसिक नक्शा पदानुक्रमित होता है और जानकारी के विभिन्न टुकड़ों के बीच के संबंध को दरशाता है।

जहाँ जर्नलिंग (जैसाकि बाद में समझाया गया है) मुख्य रूप से आपके विचारों को शब्दों में लिखना है, ताकि आपका मस्तिष्क साफ हो जाए और आप सूचनाओं को बेहतर ढंग से संसाधित कर सकें, माइंड-मैपिंग का उपयोग निर्णय लेने और समस्या को हल करने के लिए किया जाता है, जब आप किसी समस्या के सभी संबंधित पहलुओं को समग्र रूप से सूचीबद्ध करना चाहते हैं और जानना चाहते हैं।

यह अकसर एक केंद्रीय विचार के साथ शुरू होता है और फिर उस विषय से संबंधित परस्पर विचारों में शाखाएँ फैलाता है, जिन्हें शब्दों या छवियों के रूप में दिखाया जा सकता है।

यह अकसर एक केंद्रीय विचार के साथ शुरू होता है और फिर उस विषय से संबंधित परस्पर विचारों में शाखाएँ फैलाता है, जिन्हें शब्दों या छवियों के रूप में दिखाया जा सकता है। यदि आप किसी समस्या के विभिन्न कारकों का विश्लेषण करना चाहते हैं तो माइंड-मैपिंग आपको विभिन्न तत्त्वों को एक साथ समग्र रूप में देखने में मदद करता है, ताकि बड़ी तसवीर का विश्लेषण किया जा सके।

उदाहरण के लिए, मान लीजिए कि आप एक नया व्यवसाय शुरू करना चाहते हैं। यह आपके पृष्ठ के केंद्र में होगा और वहाँ से आप संबधित विचारों में शाखाएँ फैलाएँगे, जैसेकि कौन सा उत्पाद, उद्योग खंड, लक्षित ग्राहक, प्रतिस्पर्धी और आवश्यक वित्त, कोई भागीदार, समय अवधि, मूल्य निर्धारण, विपणन और अन्य महत्त्वपूर्ण चुनौतियाँ आदि।

'माइंड-मैपिंग' इस सिद्धांत पर काम करती है कि हमारे मस्तिष्क रैखिक रूप से व्यवस्थित नहीं हैं। आपने इस पुस्तक के प्रारंभिक खंड में पहले ही इस पर प्रयोग कर लिया था कि विचार कैसे उत्पन्न होते हैं और किसी भी दिशा में यात्रा करते रहते हैं, यदि आप उन्हें प्रवाहित होने देते हैं। 'माइंड-मैपिंग' हमारे मस्तिष्क के काम करने के इस अरेखीय तरीके का लाभ उठाना है।

> ***'माइंड-मैपिंग' इस सिद्धांत पर काम करती है कि हमारे मस्तिष्क रैखिक रूप से व्यवस्थित नहीं हैं। आपने इस पुस्तक के प्रारंभिक खंड में पहले ही इस पर प्रयोग कर लिया था कि विचार कैसे उत्पन्न होते हैं और किसी भी दिशा में यात्रा करते रहते हैं, यदि आप उन्हें प्रवाहित होने देते हैं।***

'माइंड-मैपिंग' आपको एक संतुलित विचारक बनाता है। कागज की एक शीट पर आप अपने सभी विचारों को देखना शुरू कर देते हैं, अर्थात् पिछले अनुभव पर आधारित आपकी चिंता के क्षेत्र, साथ ही यह भी कि आपकी कल्पना नए समाधान कैसे उत्पन्न करती है। माइंड-मैपिंग को तर्क और कल्पना के बीच की शादी के समान समझा जा सकता है? हमारा बायाँ मस्तिष्क वर्षों से हमारे द्वारा प्राप्त क्रिस्टलीकृत बुद्धिमत्ता पर आधारित तार्किक, तर्कसंगत विचार प्रक्रिया बनाता है। दूसरी ओर, हमारा दाहिना मस्तिष्क कल्पना और रंगों का उपयोग करता है और रचनात्मक और कल्पना उन्मुख है। जब आप एक माइंड मैप बनाना शुरू करते हैं, तो आप अपने तर्क और साथ ही कागज के एक टुकड़े पर कल्पना को पकड़कर पूरे दिमाग की सोच को नियोजित करते हैं।

आप सभी प्रकार के माइंड मैप बना सकते हैं। यह एक कॅरियर बदलने के बारे में हो सकता है, आपकी अगली छुट्टी के बारे में हो

सकता है, दो अलग-अलग मदों के बीच विकल्प चुनने या दोस्तों के साथ एक बढ़िया डिनर पार्टी की योजना बनाने के बारे में हो सकता है।

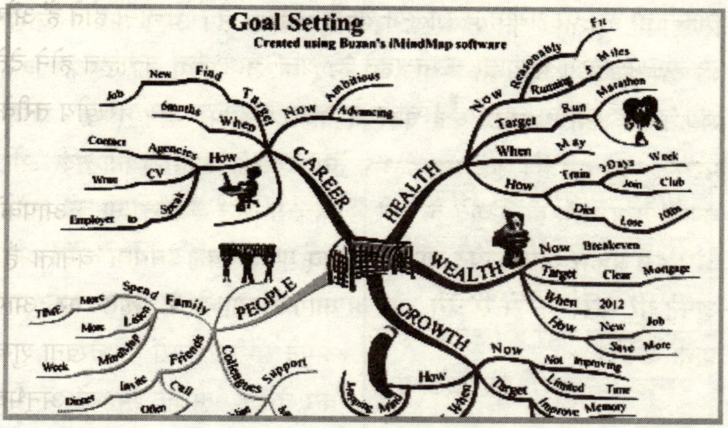

आप यह कैसे करते हैं?

शुरुआत करने के लिए आपको बस एक विषय, कुछ रंगीन पेन और एक कागज की शीट चाहिए होगी और इन नियमों का पालन करना होगा—

- केंद्र में अपने विषय का प्रतिनिधित्व करनेवाले प्रतीक या चित्र से शुरू करें।
- केंद्र से निकलनेवाली घुमावदार शाखाओं पर मुख्य शब्द लिखें या चित्र बनाएँ।
- प्रति पंक्ति एक प्रमुख शब्द लिखें।
- सहयोगी शाखाओं को मुक्त करें और अपने प्रमुख शब्दों से संबंधित छवियों या शब्दों के साथ छोटी शाखाएँ जोड़ें।
- अधिक संबद्धता और जोर देने के लिए रंग, चित्र, आयाम और कोड का उपयोग करें।

मैंने कई बार 'माइंड-मैपिंग' का उपयोग किया है, जिसमें मेरे मस्तिष्क में घूमनेवाले कई विचारों की विह्वलता का सामना करने के लिए मेरी पुस्तकों की रूपरेखा बनाना शामिल है। आप अपनी किसी भी वास्तविक जीवन की स्थिति के लिए माइंड-मैपिंग का उपयोग कर सकते हैं, जहाँ आपको कई कारकों को ध्यान में रखना होगा, जोकि परस्पर जुड़े हुए हैं। एक माइंड-मैप तैयार करके आप अपना तर्क और गणना तथा साथ ही स्थिति के बारे में विचारों और कल्पनाओं को रखेंगे और इस प्रकार आप अपने बाएँ और दाएँ गोलार्ध का उपयोग करेंगे और अपने पूरे मस्तिष्क से सोचेंगे और अपनी समस्याओं के बेहतर समाधान प्राप्त करेंगे।

□

अध्याय-6

अपनी सोच को बदलने के लिए अपनी फिजियोलॉजी को सक्रिय करें

"दुनिया को चलाने के लिए हमें पहले खुद को चलाना होगा।"

—सुकरात

अपने पावर आवर (शक्ति के घंटे) को अधिकार में लें

एक कहावत है—'अच्छी शुरुआत से आधा काम हो जाता है।' इसके अलावा, आप अच्छी तरह से जानते हैं कि यदि आप अपने बच्चे का शुरुआती वर्षों में अच्छा पालन-पोषण करते हैं तो वह एक अच्छे इनसान के रूप में विकसित होगा। यही बात आपके दिनों पर भी लागू होती है। यदि आप अपना दिन अच्छी तरह से शुरू करते हैं तो आपके महत्त्वपूर्ण कार्य संपन्न होते हैं।

"सुबह का एक घंटा गँवा दें और आप सारा दिन उसकी तलाश में बिताएँगे।"

—रिचर्ड व्हाटली

यदि आप महान् लोगों के जीवन की जाँच करेंगे, तो आपको उनकी दिनचर्या में एक पैटर्न मिलेगा। वे अपनी सुबहों की सुरक्षा सबसे कीमती संपत्ति की तरह करते हैं। सुबह के घंटे एक शानदार दिन की नींव को मजबूत करने के लिए खर्च किए जाते हैं, जिस पर आप गर्व महसूस कर सकते हैं।

सुबह के पवित्र होने के कुछ कारण होते हैं। आप रात भर की ताजगी भरी नींद के बाद उठे हैं और आपका जेली जैसा मस्तिष्क अब काफी व्यवस्थित हो गया है। यह अभी तक आपके वातावरण के बाहरी उत्तेजकों से प्रभावित नहीं हुआ है। साथ ही, आपका दिमाग समय के इस बिंदु पर दिन की महत्त्वपूर्ण गतिविधियों के बारे में सोचने और योजना बनाने के लिए सबसे रचनात्मक अवस्था में है।

सुबह के पवित्र होने के कुछ कारण होते हैं। आप रात भर की ताजगी भरी नींद के बाद उठे हैं और आपका जेली जैसा मस्तिष्क अब काफी व्यवस्थित हो गया है। यह अभी तक आपके वातावरण के बाहरी उत्तेजकों से प्रभावित नहीं हुआ है।

ज्यादातर लोग अपने स्मार्ट फोन उठाकर मन की इस सबसे संसाधनपूर्ण स्थिति को तुरंत बाधित कर देते हैं। बिना इस बात का अहसास किए कि जागने के कुछ ही मिनटों के भीतर उन्होंने अपने इ-मेल को स्क्रॉल करना, अपनी सोशल मीडिया फीड और सभी संदेशों की जाँच करना शुरू कर दिया है और अब उनके सभी विचार और भावनाएँ बाहरी उत्तेजकों द्वारा विचलित हो गई हैं। उन्होंने पहले ही अपनी शक्ति छोड़ दी है।

लेकिन अगर आप ऐसे परिणाम प्राप्त करना चाहते हैं, जो दुनिया में केवल 1 प्रतिशत से कम लोग प्राप्त करते हैं तो आपको अलग तरह से

शुरुआत करनी होगी। आपको अपनी सुबह का पहला घंटा 'शक्ति का घंटा' बनाना होगा। इस शक्ति के घंटे में कुछ महत्त्वपूर्ण आदतें शामिल होनी चाहिए, जो एक बुद्धिमान मस्तिष्क के लिए मार्ग प्रशस्त करेंगी और आपको दिन भर स्मार्ट और बेहतर तरीके से सोचने में मदद करेंगी। कुछ गतिविधियाँ आपकी मानसिक क्षमताओं को बेहतर बनाने और आपको एक बेहतर विचारक बनाने के लिए वैज्ञानिक रूप से सिद्ध हैं।

अपना शरीर हिलाएँ अपना ब्रेन बदलें

हालाँकि सोच एक संज्ञानात्मक कार्य है, हमारी शारीरिक क्रिया और मानसिक स्वास्थ्य हमारी विचार प्रक्रिया को पोषित करने में महत्त्वपूर्ण भूमिका निभाते हैं। पिछले खंडों में हमने सीखा कि हमारी विचार प्रक्रिया कैसे काम करती है, सामान्य सोच त्रुटियाँ क्या हैं और प्रभावी ढंग से सोचने के लिए सर्वोत्तम तरीके क्या हैं?

> ***लेकिन किसी चीज के बारे में जानने से ही परिणाम नहीं मिलेंगे; यह उस ज्ञान का कार्यान्वयन है, जिससे आप अपने व्यवहार और क्रिया को बदलेंगे, जो बदले में आपके जीवन में परिणाम देगा। इसलिए कहा जाता है कि ज्ञान केवल संभावित शक्ति है; वास्तविक शक्ति कार्यान्वयन में निहित है।***

लेकिन किसी चीज के बारे में जानने से ही परिणाम नहीं मिलेंगे; यह उस ज्ञान का कार्यान्वयन है, जिससे आप अपने व्यवहार और क्रिया को बदलेंगे, जो बदले में आपके जीवन में परिणाम देगा। इसलिए कहा जाता है कि ज्ञान केवल संभावित शक्ति है; वास्तविक शक्ति कार्यान्वयन में निहित है।

इसलिए यह खंड इस चर्चा के लिए समर्पित है कि आप एक

सार्वभौमिक सिद्धांत को लागू करके अपने शरीर और दिमाग की फाइन ट्यूनिंग करके उस ज्ञान को वास्तव में अपने जीवन में कैसे लागू कर सकते हैं। आपका अपने शरीर और दिमाग का प्रभावी ढंग से उपयोग करना, आपके पुराने और शायद आत्म-विध्वंसी पैटर्न से सोचने के एक नए और अधिक बुद्धिमत्तापूर्ण तरीके में बदलाव को आसान करने का काम करेगा। उन सिद्धांतों के साथ, जो अनुसंधान समर्थित हैं और सर्वकालीन महान् विचारकों द्वारा उपयोग किए जाते हैं, आप इस पुस्तक में अब तक सीखी गई उन्नत रणनीतियों को लागू कर सकते हैं।

हमारे मस्तिष्क का वजन हमारे कुल शरीर के वजन का सिर्फ 2 प्रतिशत होता है, लेकिन यह हमारी ऊर्जा आवश्यकता का 20 प्रतिशत से अधिक खपत करता है। ऐसा इसलिए है, क्योंकि मस्तिष्क शरीर के सभी कार्यों और हरकतों के प्रबंधन के लिए और विभिन्न प्रकार के न्यूरॉन संकेतों के माध्यम से अन्य अंगों को निर्देश देने के लिए जिम्मेदार है।

आइए, शरीर के साथ शुरू करते हैं। जैसाकि आप जानते हैं, मस्तिष्क मन से अलग होता है; यह शरीर के अन्य अंगों की तरह एक भौतिक अंग है। इसलिए इस अंग का कुशल कार्य पूरे शरीर के इष्टतम कामकाज पर निर्भर करता है।

हमारे मस्तिष्क का वजन हमारे कुल शरीर के वजन का सिर्फ 2 प्रतिशत होता है, लेकिन यह हमारी ऊर्जा आवश्यकता का 20 प्रतिशत से अधिक खपत करता है। ऐसा इसलिए है, क्योंकि मस्तिष्क शरीर के सभी कार्यों और हरकतों के प्रबंधन के लिए और विभिन्न प्रकार के न्यूरॉन संकेतों के माध्यम से अन्य अंगों को निर्देश देने के लिए जिम्मेदार है।

यह आपकी संपूर्ण सोच, निर्णय और स्मृति प्रक्रियाओं के लिए जिम्मेदार है और भावी जीवन के निर्णय लेने के लिए यह पिछली घटनाओं और व्यवहारों के आपके प्रदर्शनों की सूची को बनाए रखता है। इसका काम आपको खतरे से सुरक्षित और संरक्षित रखना है और इस तरह यह आपको जीवित रखता है।

इन सभी कार्यों को करने के लिए मस्तिष्क को शरीर के अन्य अंगों की तुलना में अधिक ऊर्जा की आवश्यकता होती है, जिनके सीमित कार्य होते हैं। ऊर्जा की यह आवश्यकता रक्त और ऑक्सीजन की एक कुशल आपूर्ति से पूरी होती है। हृदय रक्त की समृद्ध आपूर्ति के माध्यम से ऊर्जा प्रक्रिया में महत्त्वपूर्ण भूमिका निभाता है। अपने कार्य को प्रभावी ढंग से करने के लिए हृदय को जीवंत और स्वस्थ होना चाहिए। अपने हृदय को स्वस्थ बनाने के लिए हमें नियमित व्यायाम करने की आवश्यकता होती है।

इन सभी कार्यों को करने के लिए मस्तिष्क को शरीर के अन्य अंगों की तुलना में अधिक ऊर्जा की आवश्यकता होती है, जिनके सीमित कार्य होते हैं। ऊर्जा की यह आवश्यकता रक्त और ऑक्सीजन की एक कुशल आपूर्ति से पूरी होती है। हृदय रक्त की समृद्ध आपूर्ति के माध्यम से ऊर्जा प्रक्रिया में महत्त्वपूर्ण भूमिका निभाता है।

दुर्भाग्य से हृदय अपने आप व्यायाम नहीं कर सकता, क्योंकि यह शरीर की परतों के अंदर गहराई से छिपा हुआ है। जिस व्यायाम की इसे आवश्यकता है, वह है, इसकी धड़कन को सामान्य दर से काफी अधिक दर तक बढ़ाने की, जो उम्र के आधार पर भिन्न होती है। यह सुनिश्चित करने के लिए कि हमारा हृदय मजबूती से कार्य करता रहे, इसे इसकी

धड़कन की नियमित दर से परे जोर दिए जाने और फैलाए जाने की आवश्यकता है।

यह अनुमान है कि यदि हृदय नियमित रूप से दिन में 30 मिनट के लिए अपनी नियमित दर से अधिक धड़कता है तो यह रक्त की बढ़ी हुई आपूर्ति के माध्यम से अच्छे परिणाम देगा और इस प्रकार मस्तिष्क सहित पूरे शरीर को ऑक्सीजन प्रदान करेगा।

लेकिन आप हृदय का व्यायाम कैसे करते हैं?

> ***यह अनुमान है कि यदि हृदय नियमित रूप से दिन में 30 मिनट के लिए अपनी नियमित दर से अधिक धड़कता है तो यह रक्त की बढ़ी हुई आपूर्ति के माध्यम से अच्छे परिणाम देगा और इस प्रकार मस्तिष्क सहित पूरे शरीर को ऑक्सीजन प्रदान करेगा।***

यह केवल पैरों के माध्यम से होता है। आप या तो दौड़ते हैं या जॉगिंग करते हैं या कुछ अन्य तरह के कार्डियोवस्कुलर व्यायाम करते हैं, जो आपके दिल को उसकी सामान्य गति से अधिक तेज धड़कने की स्थिति में लाते हैं। आपको आपके दिल की व्यायाम आवश्यकता को इस प्रकार पूरा करना चाहिए—दिल की 220 धड़कनों को एक मानक पैरामीटर के रूप में लें और फिर इस संख्या से अपनी उम्र घटाएँ। जो भी संख्या आती है, आपको उस संख्या के कम-से-कम 60 प्रतिशत से अपने दिल की धड़कन को गुणा करना होगा। उदाहरण के लिए, यदि आप 30 वर्ष के हैं, तो आपको दिन में लगभग 30 मिनट अच्छा व्यायाम करते हुए अपने दिल की धड़कन को 114 धड़कन प्रति मिनट (190 का 60 प्रतिशत (220-30)) तक ले जाना चाहिए।

आमतौर पर एक अच्छी व्यायाम व्यवस्था आपके दिल की धड़कन

को उस संख्या के लगभग 80–85 प्रतिशत तक बढ़ा देती है, जो स्वस्थ दिल का एक अच्छा संकेत है। उपरोक्त एक सामान्य व्यक्ति के लिए अनुभवसिद्ध नियम है। हालाँकि अगर आप दिल की विशिष्ट समस्या से पीड़ित हैं तो कृपया अपने जीवन में किसी भी कठिन व्यायाम को जोड़ने से पहले अपने चिकित्सक या अन्य स्वास्थ्य पेशेवर से परामर्श करें।

व्यायाम की एक नियमित खुराक आपके मस्तिष्क और आपकी सोच क्षमताओं पर जादुई प्रभाव डालती है। जॉन रेटी ने अपनी पुस्तक 'स्पार्क : द रिवोल्यूशनरी न्यू साइंस ऑफ एक्सरसाइज एंड ब्रेन' में कहा है कि व्यायाम अवसाद से लेकर ए.डी.डी., लत से लेकर अल्जाइमर और मेनोपॉज तक, हर चीज के लिए हमारा सबसे अच्छा बचाव है। रेटी व्यायाम और मस्तिष्क के बीच व्यापक संबंध की पड़ताल करते हैं—

शारीरिक गतिविधि जैविक परिवर्तनों को बढ़ावा देती है, जो मस्तिष्क की कोशिकाओं को एक-दूसरे से बँधने के लिए प्रोत्साहित करती है। मस्तिष्क के सीखने के लिए इन संबंधों का बनना आवश्यक है; वे चुनौतियों को अनुकूलित करने की मस्तिष्क की मौलिक क्षमता को दरशाते हैं।

> शारीरिक गतिविधि जैविक परिवर्तनों को बढ़ावा देती है, जो मस्तिष्क की कोशिकाओं को एक-दूसरे से बँधने के लिए प्रोत्साहित करती है। मस्तिष्क के सीखने के लिए इन संबंधों का बनना आवश्यक है; वे चुनौतियों को अनुकूलित करने की मस्तिष्क की मौलिक क्षमता को दरशाते हैं। इस प्रक्रिया के बारे में न्यूरोसाइंटिस्ट जितनी अधिक खोज करते हैं, उतना अधिक यह स्पष्ट हो जाता है कि व्यायाम एक अद्वितीय उत्तेजना प्रदान करता है, जिससे एक ऐसा वातावरण

तैयार होता है, जिसमें मस्तिष्क सीखने के लिए तैयार, इच्छुक और सक्षम होता है।

एक नियमित व्यायाम व्यवस्था सकारात्मक न्यूरोट्रांसमीटरों की रिहाई को उत्तेजित करती है, जैसे—डोपामाइन (जो प्रेरणा, ध्यान और आनंद को प्रोत्साहित करता है), सेरोटोनिन (जो सीखने, मनोदशा और आत्मसम्मान को बढ़ाता है) और नॉरपाइनफ्रिन (जो उत्तेजना और सतर्कता को प्रेरित करता है)। रेटी के सिद्धांत का सबसे अच्छा हिस्सा यह है कि व्यायाम बी.डी.एन.एफ. (BDNF) (मस्तिष्क-व्युत्पन्न न्यूरोट्रॉफिक कारक) के उत्पादन में तेजी लाता है, एक प्रोटीन, जिसे उन्होंने 'मस्तिष्क के लिए चमत्कारिक' कहा है।

वैज्ञानिकों ने 'आइरिसीन' नाम के एक 'व्यायाम हार्मोन' की खोज की है, जोकि बेहतर स्वास्थ्य और संज्ञानात्मक कार्य से भी संबंधित है। मस्तिष्क का वह हिस्सा, जो एरोबिक व्यायाम को दृढ़ता से प्रतिक्रिया देता है, वह हिप्पोकैंपस है।

वैज्ञानिकों ने 'आइरिसीन' नाम के एक 'व्यायाम हार्मोन' की खोज की है, जोकि बेहतर स्वास्थ्य और संज्ञानात्मक कार्य से भी संबंधित है। मस्तिष्क का वह हिस्सा, जो एरोबिक व्यायाम को दृढ़ता से प्रतिक्रिया देता है, वह हिप्पोकैंपस है। यह दिखाते हुए प्रयोग भी किए गए हैं कि जब आप शारीरिक रूप से स्वस्थ हो जाते हैं तो हिप्पोकैंपस का आकार बढ़ जाता है। चूँकि हिप्पोकैंपस मस्तिष्क के सीखने और स्मृति प्रणालियों के मूल में है, इसलिए यह हृदय की फिटनेस के मेमोरी-बूस्टिंग या स्मृति बढ़ानेवाले प्रभावों का आनंद लेता है।

इसके अलावा, 'थिंक लाइक लियोनार्डो दा विंची' में माइकल गेल्ब बताते हैं कि कुछ अपवादों के साथ, इतिहास की महान् प्रतिभाओं

को उल्लेखनीय शारीरिक ऊर्जा और योग्यता उपहार में मिली थी। और यह समझ में भी आता है, गंभीरता से। यदि आपको बिस्तर से बाहर निकलना मुश्किल लगता है तो आप जीवन से सर्वश्रेष्ठ प्राप्त करने के बारे में कैसे सोच सकते हैं?

आइए, अब हमारे शरीर से संबंधित अगले महत्त्वपूर्ण पहलू पर चलते हैं, जो और स्पष्ट और बेहतर सोचने में मदद करता है।

आराम करें और अपने शरीर का कायाकल्प करें

अब यह स्थापित करने के लिए पर्याप्त शोध हो चुका है कि यदि आप हर रात नींद के घंटों की आवश्यक संख्या से लगातार समझौता करते हैं और उससे वंचित रहते हैं तो संभव है कि आप तनाव और चिंता की चपेट में आ भी चुके हों। नींद की कमी पर हुए अध्ययन बार-बार जाग्रत् अवस्था की बढ़ती अस्थिरता के कारण मनोदशा, संज्ञानात्मक प्रदर्शन और मोटर फंक्शन पर परिवर्तनशील प्रभाव दिखाते हैं। विशिष्ट न्यूरोकॉग्निटिव डोमेन, जिसमें कार्यकारी ध्यान, कार्यशील स्मृति और विभिन्न उच्च संज्ञानात्मक कार्य शामिल हैं, विशेष रूप से नींद की हानि के लिए भेद्य हैं।

अब यह स्थापित करने के लिए पर्याप्त शोध हो चुका है कि यदि आप हर रात नींद के घंटों की आवश्यक संख्या से लगातार समझौता करते हैं और उससे वंचित रहते हैं तो संभव है कि आप तनाव और चिंता की चपेट में आ भी चुके हों। नींद की कमी पर हुए अध्ययन बार-बार जाग्रत् अवस्था की बढ़ती अस्थिरता के कारण मनोदशा, संज्ञानात्मक प्रदर्शन और मोटर फंक्शन पर परिवर्तनशील प्रभाव दिखाते हैं।

नींद की कमी से इच्छाशक्ति कम हो जाती है, क्योंकि यदि आप नींद से वंचित हैं तो आपकी कोशिकाओं को रक्तप्रवाह से ग्लूकोज को अवशोषित करने में परेशानी होती है। ग्लूकोज की कमी शरीर में ईंधन की कमी कर देती है और उसे थका देती है। थकान की स्थिति में मस्तिष्क शरीर के सामान्य संचालन के लिए ऊर्जा का संरक्षण करना चाहता है। चूँकि ऊर्जा का भंडार कम होता है, मस्तिष्क को किसी भी आपातकालीन स्थिति के लिए पर्याप्त ऊर्जा बनाए रखनी पड़ती है। आप कल्पना कर सकते हैं कि इस तरह की स्थिति में सोचने के लिए नए दृष्टिकोण को प्रभावी ढंग से सीखना और लागू करना हमारे मस्तिष्क के लिए कितना मुश्किल होता होगा और इसलिए यह सबसे आसान मार्ग लेता है—ऊर्जा के संरक्षण के साधन के रूप में सोच के पूर्व निर्धारित पैटर्न का उपयोग करना।

प्रीफ्रंटल कॉर्टेक्स ध्यान, स्मृति और निर्णय लेने जैसे कार्यकारी कार्यों के लिए जिम्मेदार है; यह नींद की कमी से होनेवाले ऊर्जा के अभाव के कारण सबसे अधिक पीड़ित होता है। अध्ययन यह भी बताते हैं कि नींद की हानि मस्तिष्क के चयापचय, अनुभूति, भावना और व्यवहार में अस्थायी परिवर्तन पैदा करती है, जो हलके प्रीफ्रंटल डिसफंक्शन के बराबर है।

प्रीफ्रंटल कॉर्टेक्स ध्यान, स्मृति और निर्णय लेने जैसे कार्यकारी कार्यों के लिए जिम्मेदार है; यह नींद की कमी से होनेवाले ऊर्जा के अभाव के कारण सबसे अधिक पीड़ित होता है। अध्ययन यह भी बताते हैं कि नींद की हानि मस्तिष्क के चयापचय, अनुभूति, भावना और व्यवहार में अस्थायी परिवर्तन पैदा करती है, जो हलके प्रीफ्रंटल डिसफंक्शन के बराबर है।

यदि आप वास्तव में अपने मस्तिष्क की वास्तविक क्षमता का दोहन करने और महान् विचारकों की तरह संज्ञानात्मक क्षमताओं को विकसित करने के बारे में ईमानदार हैं तो आपको यह सुनिश्चित करने की आवश्यकता है कि आपको हर रात नींद की सही मात्रा और गुणवत्ता प्राप्त हो। नींद की अवधि के बारे में एक अध्ययन में 'नेशनल स्लीप फाउंडेशन' ने विभिन्न आयु वर्ग के लोगों के लिए आवश्यक नींद के न्यूनतम घंटों के बारे में विशिष्ट सिफारिशें दीं। अध्ययन पैनल ने सहमति व्यक्त की कि स्वस्थ व्यक्तियों के सामान्य नींद प्राप्त करने के लिए उपयुक्त नींद की अवधि युवा वयस्कों और वयस्कों के लिए 7 से 9 घंटे और अधिक आयु के वयस्कों के लिए 7 से 8 घंटे के बीच होनी चाहिए।

यदि आप वास्तव में अपने मस्तिष्क की वास्तविक क्षमता का दोहन करने और महान् विचारकों की तरह संज्ञानात्मक क्षमताओं को विकसित करने के बारे में ईमानदार हैं तो आपको यह सुनिश्चित करने की आवश्यकता है कि आपको हर रात नींद की सही मात्रा और गुणवत्ता प्राप्त हो।

यहाँ जोर देनेवाला मुख्य बिंदु यह है कि यदि आप पौष्टिक आहार का सेवन करके, अच्छी तरह से व्यायाम करके और पर्याप्त घंटों की नींद लेते हुए अपने शरीर की देखभाल करते हैं तो यह और स्पष्ट सोचने के लिए सही बुनियादी ढाँचे का निर्माण करने जैसा होगा। केवल अपने शरीर की ठीक से देखभाल करने से आपको अपने सोचने के तरीके में एक स्पष्टता दिखाई देगी, आप अपनी रचनात्मकता में वृद्धि देखेंगे, विचार स्वाभाविक रूप से कई बार ऐसे समय पर आपके पास आएँगे, जब आपको कम-से-कम उम्मीद होगी।

हालाँकि, यदि आप अपने शरीर के अतिरिक्त अपने मानसिक पहलुओं का अतिरिक्त ध्यान रखते हैं तो आप एक अधिक मजबूत आधारभूत संरचना तैयार करेंगे, क्योंकि संपूर्ण सोच आपके दिमाग में ही होती हैं। इसलिए आइए, इस पुस्तक के अंतिम भाग पर चलते हैं, जहाँ हम कुछ मानसिक तकनीकों के बारे में और वे आपकी बुद्धिमत्ता से सोचने में कैसे मदद कर सकती हैं, इस बारे में चर्चा करेंगे।

□

अध्याय-7

आपकी सोच को बदलने के लिए मानसिक उपकरण

"बहुत अधिक स्पष्ट सोच के लिए एक व्यक्ति को एकांत के नियमित समय की व्यवस्था करनी चाहिए, जब वे ध्यान केंद्रित कर सकते हैं और विचलित हुए बिना कल्पना कर सकते हैं।"

—थॉमस ए. एडीसन

पिछले अध्याय में हमने जाना कि कैसे हमारे शरीर पर काम करने से हमें अपार लाभ मिल सकता है। व्यायाम रक्त और ऑक्सीजन के प्रवाह को बढ़ाकर हमारे मस्तिष्क की शारीरिक संरचना को तेज करता है। हम और अधिक स्पष्ट रूप से सोच सकते हैं।

लेकिन आपको केवल भौतिक स्तर पर रुकना नहीं है। शारीरिक व्यायाम अच्छा और सहायक होता है; लेकिन यह बुद्धिपूर्ण सोच के खेल का केवल एक अच्छा प्रारंभिक बिंदु है। आप शारीरिक रूप से स्वस्थ होकर बेहतर सोच का मार्ग प्रशस्त करते हैं, लेकिन आपको अपने मानसिक संकायों का व्यायाम करने की आवश्यकता भी है। इस खंड में

हम कुछ मानसिक उपकरणों के बारे में जानेंगे, जो आपको बेहतर और स्पष्ट सोचने में मदद कर सकते हैं।

जर्नलिंग

क्या आप जानते हैं कि बिल गेट्स ने लियोनार्दो दा विंची की 18 शीट की जर्नलिंग के लिए 30.8 मिलियन अमेरिकी डॉलर का भुगतान किया था?

गेट्स जानते थे कि दा विंची का दिमाग बहुत सारे चित्रों, रेखाचित्रों और विचारों की पुनरावृत्तियों से भरा हुआ था। इन छवियों को देखकर वे उस जीनियस की सोच की प्रक्रिया को समझ सकते थे। इन पृष्ठों के माध्यम से गेट्स दा विंची के दिमाग के अंदर की एक झलक प्राप्त करना चाहते थे।

क्या यह आश्चर्यजनक नहीं है?

कागज के उन कुछ टुकड़ों के बारे में इतना कीमती क्या था कि गेट्स ने इस बड़ी रकम का भुगतान किया?

गेट्स जानते थे कि दा विंची का दिमाग बहुत सारे चित्रों, रेखाचित्रों और विचारों की पुनरावृत्तियों से भरा हुआ था। इन छवियों को देखकर वे उस जीनियस की सोच की प्रक्रिया को समझ सकते थे। इन पृष्ठों के माध्यम से गेट्स दा विंची के दिमाग के अंदर की एक झलक प्राप्त करना चाहते थे। दा विंची का जर्नल कैसा दिखता था, उसका एक नमूना यह है—

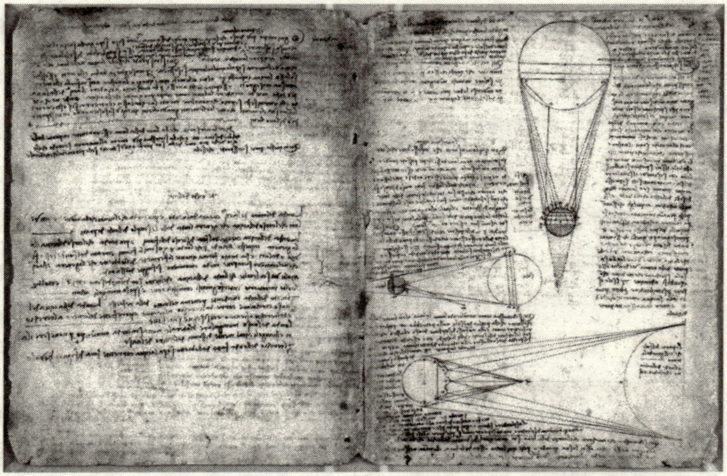

महान् लोग जर्नलिंग करते हैं, क्योंकि वे भौतिक रूप से यह देखना चाहते हैं कि उनके दिमाग में क्या चल रहा है ? यदि आप अपने विचारों को लक्ष्यहीन रूप से भटकने देते हैं तो आप उनका निष्पक्ष मूल्यांकन नहीं कर सकते। जर्नलिंग आपको आपके विचारों को भौतिक वस्तुओं की तरह देखने में मदद करता है। यह आत्म-जागरूकता का एक तंत्र है और आप अब तक अच्छी तरह से जान गए हैं कि परिवर्तन के लिए पहला कदम जागरूकता है। जर्नलिंग आपको आपकी सोच की प्रक्रिया को देखने और फिर संपादित करने में मदद करता है। एक बार जब आप अपने दिमाग में चलनेवाली चीजों को कागज पर देख लेते हैं तो आप अपने विचारों की गुणवत्ता में सुधार करना शुरू कर देते हैं, जबकि आप अगले स्तर की ओर बढ़ते हैं।

महान् मस्तिष्कवाले लगभग हर दिन अपने जर्नलों में लिखते हैं। लियोनार्दो ने अपने जर्नल में गहन नोट्स के 7,000 पन्ने डाले। वास्तव में, जर्नलिंग एक स्व-कोचिंग तंत्र है। हालाँकि यह कोचिंग की जगह नहीं ले सकता, लेकिन यह आपको कोच के कुछ लाभ प्रदान कर सकता

है। कैसे ? आइए, समझते हैं कि एक कोच आपके लिए क्या करता है ?

एक कोच को हमेशा आपको विशेषज्ञ सलाह देने की आवश्यकता नहीं होती है। अधिकांश समय उसका काम आपके दिमाग में जो चल रहा है, उसे प्रक्रिया में लाने में आपकी मदद करना होता है। अधिकांश कोचिंग सत्रों में लोग बस अपनी आंतरिक सोच प्रक्रिया को अपने कोच के आगे उजागर करके 'अहा' पल प्राप्त कर लेते हैं। उत्तर उनके पास स्वाभाविक रूप से आ जाते हैं।

> ***एक कोच को हमेशा आपको विशेषज्ञ सलाह देने की आवश्यकता नहीं होती है। अधिकांश समय उसका काम आपके दिमाग में जो चल रहा है, उसे प्रक्रिया में लाने में आपकी मदद करना होता है। अधिकांश कोचिंग सत्रों में लोग बस अपनी आंतरिक सोच प्रक्रिया को अपने कोच के आगे उजागर करके 'अहा' पल प्राप्त कर लेते हैं। उत्तर उनके पास स्वाभाविक रूप से आ जाते हैं।***

जर्नलिंग बस अपने दिमाग को साफ करने के लिए अपने विचारों, भावनाओं और संवेदनाओं को लिखना है और यह विशेष रूप से स्वयं को आत्म-सीमित मान्यताओं से मुक्त करने के लिए अच्छा होता है। इसे प्रतिदिन करने की सिफारिश की गई है। मैं जानता हूँ कि मेरे कुछ गुरु सुबह और शाम दोनों समय जर्नलिंग करते हैं। मैं कई वर्षों से सुबह की जर्नलिंग कर रहा हूँ और अब मैंने शाम की जर्नलिंग भी शुरू कर दी है। जहाँ सुबह की जर्नलिंग आपको पिछले दिन की आपकी छोटी या प्रमुख उपलब्धियों को नोट करके आपको सही मनोदशा में लाने में मदद करती है, वहीं यह आपको आभारी भी बनाती है और दिन की योजना बनाने के लिए एक अनुस्मारक होती है। दूसरी ओर, शाम की जर्नलिंग आपको

यह चिंतन करने में मदद करती है कि दिन कैसा बीता? आपने दिन के दौरान क्या सीखा? क्या आप कल से बेहतर बने? क्या कोई प्रतिक्रिया या अगले दिन करने के लिए कोई क्षेत्र है, आदि!

आप जर्नल में क्या लिखते हैं?

मैंने बुलेट पॉइंट शैली की जर्नलिंग की कोशिश की थी, जो मैंने हैल एलरॉड की पुस्तक 'मिरेकल मॉर्निंग' से सीखी थी और जो मुझे बहुत उपयोगी लगी। इसमें कुछ विशिष्ट क्षेत्रों के बारे में विशेष रूप से विवरण लिखना शामिल था। यह इस तरह से काम करता था—

- आप किस चीज के लिए आभारी हैं?
- आपकी प्रमुख उपलब्धि क्या थी? आपने अपने लक्ष्य की ओर आगे बढ़ने के लिए कम-से-कम कुछ तो किया होगा! उसे लिख लें।
- सुधार के कोई विशिष्ट क्षेत्र।

> ***मैंने बुलेट पॉइंट शैली की जर्नलिंग की कोशिश की थी, जो मैंने हैल एलरॉड की पुस्तक 'मिरेकल मॉर्निंग' से सीखी थी और जो मुझे बहुत उपयोगी लगी। इसमें कुछ विशिष्ट क्षेत्रों के बारे में विशेष रूप से विवरण लिखना शामिल था।***

- आज क्या किया जाना चाहिए, जिससे आपको ऐसा महसूस हो कि आप जीत रहे हैं?

यदि आपने अभी तक एक जर्नल में लिखना शुरू नहीं किया है तो आपको अपना पहला कदम उठाना चाहिए और अपनी सोच को कागज पर लाने में कुछ मिनट देने चाहिए। आप आत्म-जागरूकता में सुधार देखेंगे, अपने दिमाग में खाली जगह पर ध्यान देंगे और अंततः सोच

प्रक्रिया में अधिक स्पष्टता प्राप्त करेंगे। आप ऊपर सूचीबद्ध विशिष्ट प्रश्नों के उत्तर देकर शुरुआत कर सकते हैं।

कहने की आवश्यकता नहीं है कि सुबह का समय आपके जर्नल में लिखने के लिए और सुबह के ताजा विचारों को ग्रहण करने तथा अपने दिन की योजना बनाने के लिए सबसे अच्छा होता है। आपको एक हलका दिमाग महसूस होगा, जो अधिक विचार आकर्षित करेगा और आपको एक स्मार्ट विचारक बना देगा।

माइंडफुलनेस या सचेतन ध्यान आपके मस्तिष्क को मजबूत बनाती है

कहने की आवश्यकता नहीं है कि सुबह का समय आपके जर्नल में लिखने के लिए और सुबह के ताजा विचारों को ग्रहण करने तथा अपने दिन की योजना बनाने के लिए सबसे अच्छा होता है। आपको एक हलका दिमाग महसूस होगा, जो अधिक विचार आकर्षित करेगा और आपको एक स्मार्ट विचारक बना देगा।

अगला महत्त्वपूर्ण मानसिक व्यायाम है, माइंडफुलनेस या सचेतन ध्यान। आप अपने शरीर को व्यायाम करते हुए देख सकते हैं, क्योंकि वह मूर्त है और बाहर से कोई भी इसे होते हुए प्रत्यक्ष देख सकता है। लेकिन ध्यान एक आंतरिक व्यायाम है, जिसे अपनी हरकतों को बिल्कुल सही करने के लिए केवल आप देख सकते हैं।

गुफाओं में बैठे भिक्षुओं द्वारा माइंडफुलनेस को अब ध्यान या मेडिटेशन नहीं माना जाता है। आज यह काफी हद तक व्यवसाय और बोर्डरूम का एक हिस्सा है। माइंडफुलनेस के लाभ को ध्यान में रखते हुए गूगल, फेसबुक जैसी बड़ी

कंपनियों ने, यहाँ तक कि संयुक्त राष्ट्र के सरकारी विभागों, जेलों और स्कूलों ने भी, इसे खुले दिल से अपना लिया है। कॉरपोरेट जगत् और सामान्य तौर पर लगातार माइंडफुलनेस मेडिटेशन सत्र आयोजित किए जा रहे हैं।

मेडिटेशन कर रहे लोगों को, जो भलीभाँति शोध किए हुए और व्यापक रूप से ज्ञात लाभ यह प्रदान करती है, उसकी वजह से हाल के कुछ दशकों में माइंडफुलनेस एक मुख्य धारा की चीज बन गई है। अपनी पुस्तक 'द विलपावर इंस्टिंक्ट : हाउ सेल्फ-कंट्रोल वर्क्स, व्हाय इट मैटर्स, एंड व्हाट यू कैन डू टू गैट मोर ऑफ इट' के लेखक केली मैकगोनिगल, मनोवैज्ञानिक और शोधकर्ता, ध्यान के लाभों का वर्णन करती हैं—

न्यूरोसाइंटिस्टों ने अब पाया है कि जब हम खुद को बैठाकर अपने मस्तिष्क को ध्यान करने का निर्देश देते हैं तो न केवल वह ध्यान लगाने में बेहतर होता है, बल्कि वह आत्म-नियंत्रण कौशल की एक विस्तृत शृंखला विकसित करता है, जिसमें ध्यान, तनाव प्रबंधन, आवेग नियंत्रण और आत्म-जागरूकता शामिल हैं।

> "न्यूरोसाइंटिस्टों ने अब पाया है कि जब हम खुद को बैठाकर अपने मस्तिष्क को ध्यान करने का निर्देश देते हैं तो न केवल वह ध्यान लगाने में बेहतर होता है, बल्कि वह आत्म-नियंत्रण कौशल की एक विस्तृत शृंखला विकसित करता है, जिसमें ध्यान, तनाव प्रबंधन, आवेग नियंत्रण और आत्म-जागरूकता शामिल हैं। विज्ञान बताता है कि जो लोग नियमित रूप से लंबी अवधि के लिए ध्यान करते हैं, उनके प्रीफ्रंटल कॉर्टेक्स में, साथ ही मस्तिष्क के अन्य क्षेत्रों में भी जो आत्म-

जागरूकता का समर्थन करते हैं, अधिक ग्रे मैटर होता है।"

एक अन्य अध्ययन में पाया गया कि आठ सप्ताह के दैनिक ध्यान अभ्यास से रोजमर्रा की जिंदगी में आत्मनिर्भरता बढ़ी और साथ ही मस्तिष्क के संबंधित क्षेत्रों में ग्रे पदार्थ में वृद्धि हुई। यह अविश्वसनीय लग सकता है कि हमारे मस्तिष्क इतनी जल्दी खुद को फिर से आकार दे सकते हैं, लेकिन ध्यान प्रीफ्रंटल कॉर्टेक्स में रक्त-प्रवाह को उसी तरह बढ़ाता है, जिस तरह वजन उठाने से मांसपेशियों में रक्त का प्रवाह बढ़ जाता है। मस्तिष्क उसी तरह से व्यायाम के लिए अनुकूल हो जाता है, जिस तरह से मांसपेशियाँ होती हैं, आप उनसे जो चाहते हैं, उसमें और बेहतर होने के लिए बड़ा और तेज, दोनों बनकर।

ऐसी कोई विशिष्ट मुद्रा या आसन नहीं है, जो माइंडफुलनेस के लिए आवश्यक है। आप इसे कहीं भी बैठकर, चलते हुए, लॉन की घास काटते या बरतन साफ करते हुए कर सकते हैं। केवल एक चीज, जो आपको करने की आवश्यकता है—वह है, अपनी साँस के अंदर आने और बाहर जाने पर ध्यान केंद्रित करना। दिन में 10 मिनट के साथ शुरू करें।

आप माइंडफुलनेस कैसे करते हैं?

ऐसी कोई विशिष्ट मुद्रा या आसन नहीं है, जो माइंडफुलनेस के लिए आवश्यक है। आप इसे कहीं भी बैठकर, चलते हुए, लॉन की घास काटते या बरतन साफ करते हुए कर सकते हैं। केवल एक चीज, जो आपको करने की आवश्यकता है—वह है, अपनी साँस के अंदर आने और बाहर जाने पर ध्यान केंद्रित करना। दिन में 10 मिनट के साथ शुरू करें।

बेहतर होगा, यदि आप अपने शरीर को बिना हिलाए मौन होकर बैठने के लिए खुद को समर्पित करें, ताकि आप अधिक गहराई में जा सकें और आपको बेहतर लाभ मिले। माइंडफुलनेस ध्यान विशेषज्ञ, सैम हैरिस, ध्यान करने की तुलना एक रस्सी पर चलने से करते हैं; इसे समझाना आसान है, लेकिन इसमें महारत प्राप्त करना कठिन है; लेकिन फिर वे ध्यान के अभ्यास के लिए आवश्यक कदमों का वर्णन करते हैं—

1. अपनी रीढ़ की हड्डी को सीधे रखते हुए आराम से बैठें, या तो एक कुरसी पर या पालथी मारकर कुशन पर।
2. अपनी आँखें बंद करें, कुछ गहरी साँसें लें और अपने शरीर और कुरसी या फर्श के बीच संपर्क के बिंदुओं को महसूस करें। बैठने से जुड़ी संवेदनाओं पर ध्यान दें, जैसे—दबाव, गरमी, झुनझुनी, कंपन आदि की भावनाएँ।

> ***अपनी आँखें बंद करें, कुछ गहरी साँसें लें और अपने शरीर और कुरसी या फर्श के बीच संपर्क के बिंदुओं को महसूस करें। बैठने से जुड़ी संवेदनाओं पर ध्यान दें, जैसे—दबाव, गरमी, झुनझुनी, कंपन आदि की भावनाएँ।***

3. धीरे-धीरे साँस लेने की प्रक्रिया के प्रति जागरूक हों। उस जगह पर ध्यान दें, जहाँ आप अपनी साँस को सबसे स्पष्ट रूप से महसूस करते हैं—या तो नासिका पर या अपने उदर के उठने और गिरने पर।
4. अपने ध्यान को साँस लेने की मात्र संवेदना में रुकने दें। (अपनी साँस को नियंत्रित करने की आवश्यकता नहीं है। बस,

इसे स्वाभाविक रूप से आने और जाने दें।)

5. हर बार जब आपका मन भटके, उसे धीरे-धीरे साँस लेने की अनुभूति पर लौटाएँ।
6. जब आप अपनी साँस पर ध्यान केंद्रित करते हैं तो आप देखेंगे कि अन्य धारणाएँ और संवेदनाएँ प्रकट होती रहती हैं—ध्वनि, आपके शरीर में अनुभूतियाँ, भावनाएँ आदि। इन घटनाओं को केवल अनुभव करें, जब वे जागरूकता के क्षेत्र में उभरती हैं और फिर साँस लेने की संवेदना पर लौटती हैं।
7. जिस क्षण आप देखते हैं कि आप विचार में खो गए हैं, वर्तमान विचार को ही चेतना की वस्तु के रूप में देखें। फिर अपना ध्यान साँस पर लौटाएँ—या जो भी आवाजें या संवेदनाएँ अगले क्षण में उत्पन्न हों, उन पर।
8. इस तरह से जारी रखें, जब तक आप चेतना की सभी वस्तुओं को नहीं देख लेते—दृश्य, ध्वनियाँ, संवेदनाएँ, भावनाएँ और स्वयं विचार भी—जब वे उठते हैं और गुजर जाते हैं।
9. गिरें नहीं।

जो लोग अभ्यास के लिए नए हैं, वे आमतौर पर निर्देशित ध्यान के रूप में निर्देशों को जोर से सुनना उपयोगी पाते हैं। इन दिनों बहुत सारे निर्देशित ध्यान एप उपलब्ध हैं, जो आपको निर्देशित ध्यान करने में मदद कर सकते हैं।

औपचारिक रूप से बैठकर किए गए अभ्यास के अलावा, हम अपने दैनिक कार्यों के दौरान भी माइंडफुलनेस को व्यवहार में ला सकते हैं—भोजन करते समय, टहलते हुए और बातचीत करते हुए। दैनिक जीवन में ध्यान के अभ्यास के लिए विचार उस पर ध्यान देने का है,

जो वर्तमान समय में चल रहा है और उस बारे में जागरूक होने का है, जो हो रहा है—अचेतन रूप में रहने का नहीं। यदि आप खा रहे हैं तो इसका अर्थ है, उस भोजन पर ध्यान देना, जो आप खा रहे हैं—उसकी सुगंध, आप उसे कैसे चबाते हैं और आप भोजन को कैसे निगलते हैं! यदि आप चल रहे हैं तो इसका अर्थ है कि आपके शरीर की हरकतों के प्रति, भूमि को छूते हुए आपके पैरों के प्रति, आप जो ध्वनियाँ सुन रहे हैं, उसके प्रति अधिक जागरूक होना। अधिक जानकारी के लिए आप माइंडफुलनेस पर मेरी पुस्तक 'द माइंडफुल माइंड' देख सकते हैं।

मैं जानता हूँ कि हर कोई व्यस्त है—जीवन की बहुत माँगें होती हैं। आपके जीवन में एक भी गतिविधि जोड़ने के लिए समय नहीं बचता है। इसलिए मैं नहीं चाहता कि आप अपने पहले से ही व्यस्त जीवन में बहुत अधिक चीजों का भार शामिल करें।

लेकिन कृपया ध्यान दें कि पिछले दो खंडों में बताए गए शारीरिक और मानसिक पहलुओं की तुलना आपके वाहन में गैस डालने से की जा सकती है। आप खुद को बेवकूफ नहीं बना सकते कि आप तेजी से गाड़ी चलाकर अपने गंतव्य पर जल्द पहुँच सकते हैं, जबकि आपको पता है कि आपके वाहन में ईंधन की कमी है।

कृपया ध्यान दें कि पिछले दो खंडों में बताए गए शारीरिक और मानसिक पहलुओं की तुलना आपके वाहन में गैस डालने से की जा सकती है। आप खुद को बेवकूफ नहीं बना सकते कि आप तेजी से गाड़ी चलाकर अपने गंतव्य पर जल्द पहुँच सकते हैं, जबकि आपको पता है कि आपके वाहन में ईंधन की कमी है।

इसलिए, यदि आप स्पष्टता से और समझदारी से सोचने के प्रति

गंभीर हैं तो पहले के खंडों में बताई गई सभी तकनीकें निश्चित रूप से आपकी बहुत मदद करेंगी, लेकिन यदि आप इन न्यूनतम शारीरिक और मानसिक गतिविधियों को जोड़ते हैं, जैसीकि इस पुस्तक के अंतिम दो खंडों में बताई गई हैं, यह वास्तव में केक पर एक आइसिंग होगी, मैं वादा करता हूँ।

□

निष्कर्ष

"सबसे महत्त्वपूर्ण निवेश, जो आप कर सकते हैं, वह स्वयं में होगा।"

—वॉरेन बफे

बधाई हो!

आप अंत तक पहुँच गए हैं। मुझे पूरी उम्मीद है कि आप अपने पूर्व 'स्व' की तुलना में अधिक बुद्धिमत्ता से सोच रहे होंगे और महसूस कर रहे होंगे। हमने इस पूरी यात्रा की शुरुआत हमारी सोच प्रक्रिया को, उसकी खामियों को और हम अपनी सोच प्रक्रिया को कैसे बदल सकते हैं, यह समझकर की। फिर हम अपनी सोच को बदलने के लिए विभिन्न दृष्टिकोणों को समझने के लिए आगे बढ़े और अंत में हमने जाँच की कि कैसे सही तकनीकों के माध्यम से हम अपने शरीर और दिमाग को तैयार करके नई रणनीतियों को लागू कर सकते हैं!

जैसाकि पहले उल्लेख किया गया है, मात्र ज्ञान शक्ति नहीं है; यह संभावित शक्ति है। वह ज्ञान का कार्यान्वयन है, जो आपको वास्तविक शक्ति प्रदान करता है। और सबसे अच्छी बात यह है कि इस पुस्तक में सीखे गए पाठों का कार्यान्वयन रोजमर्रा की जिंदगी में लागू करना मुश्किल नहीं है। हर पल जब आप कुछ सोच रहे होते हैं, आपके पास अलग-अलग तरीकों से प्रयोग करने का अवसर हमेशा होता है।

आप तुरंत अपने संज्ञानात्मक पूर्वग्रहों को देखकर शुरुआत कर सकते हैं। अगली बार जब आप खरीदारी करने जाते हैं तो आप एंकरिंग पूर्वग्रह देखना शुरू कर देंगे। इसी तरह, जब आप अपनी अगली समस्या का सामना करते हैं तो आप जल्दी से पहले सिद्धांत के विचार से सोचना शुरू कर सकते हैं, समस्या के टुकड़े करके उसके विभिन्न घटकों को सूक्ष्मता से देख सकते हैं। अब आप एकीकृत सोच से अवगत हैं और विभिन्न परस्पर जुड़े हुए मानकों के अनेक पहलुओं को ध्यान में रखना शुरू कर सकते हैं और एक ऐसा समाधान प्राप्त कर सकते हैं, जो समग्र रूप से सभी पहलुओं को संबोधित करता है।

आपके पास आपकी दैनिक दिनचर्या में अभ्यास और कार्यान्वयन के लिए बहुत सारी चीजें हैं। आप यह भी समझते हैं कि अपनी सोच की गुणवत्ता में महत्त्वपूर्ण रूप से सुधार लाने के लिए आपको अपने शरीर और दिमाग को ठीक करके या फाइन-ट्यून करके कुछ संसाधनों को विकसित करने की आवश्यकता होगी।

संक्षेप में, आपने अब अपने निर्णय और इस प्रकार अपने जीवन की गुणवत्ता को बदलने के लिए अपनी सोच की गुणवत्ता में सुधार करने के लिए आवश्यक ज्ञान से खुद को सुसज्जित कर लिया है।

मुझे आशा है कि आप इस पुस्तक में संकलित सलाह को अपने कार्यों में डालेंगे। मुझे यह जानकर बहुत खुशी होगी, अगर इन विचारों ने आपको किसी भी तरीके से अपने जीवन को बदलने में मदद की है और की है तो कैसे की है?

आपके लिए ज्ञान और आनंद के जीवन की शुभकामनाओं के साथ।

चीयर्स!

□□□